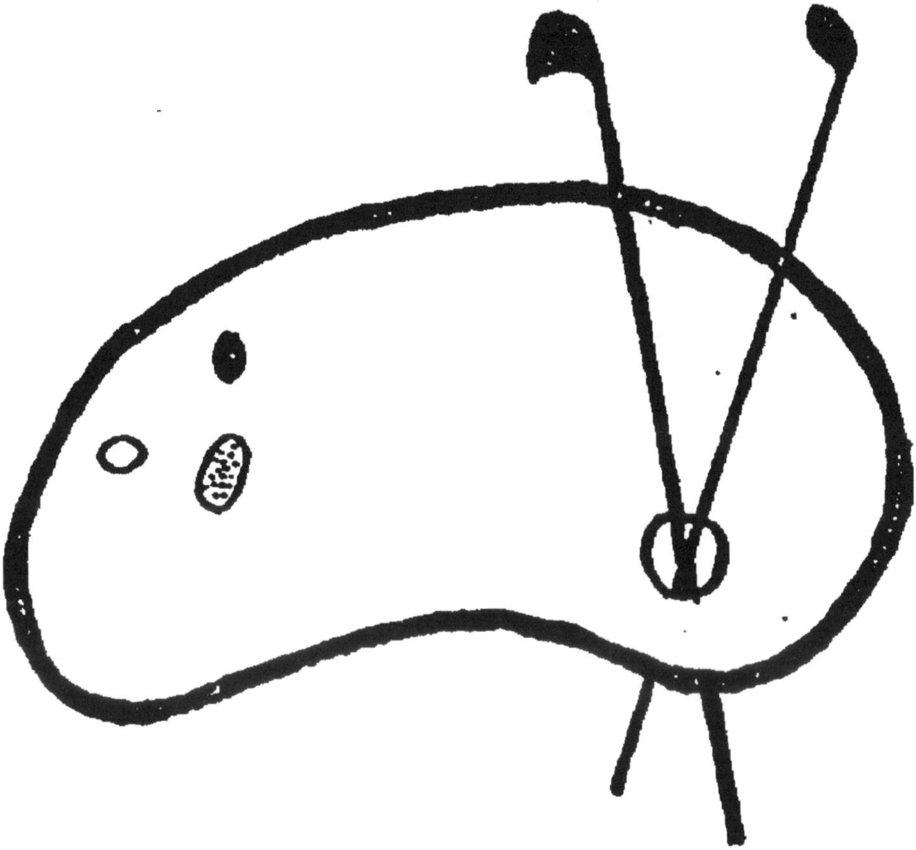

LA CONQUÊTE MAROCAINE ET LE PROTECTORAT

Etude politique, économique, militaire et diplomatique

AVEC CARTE DU MAROC

PAR

Camille SABATIER

Ancien Député d'Oran

Prix : 1 fr. 25

TOULOUSE

LIBRAIRIE DE "LA DÉPÊCHE"

67, Rue Bayard, 67

1903

TOULOUSE. — IMP. G. BERTHOUMIEU, RUE DENFERT-ROCHEREAU, 15

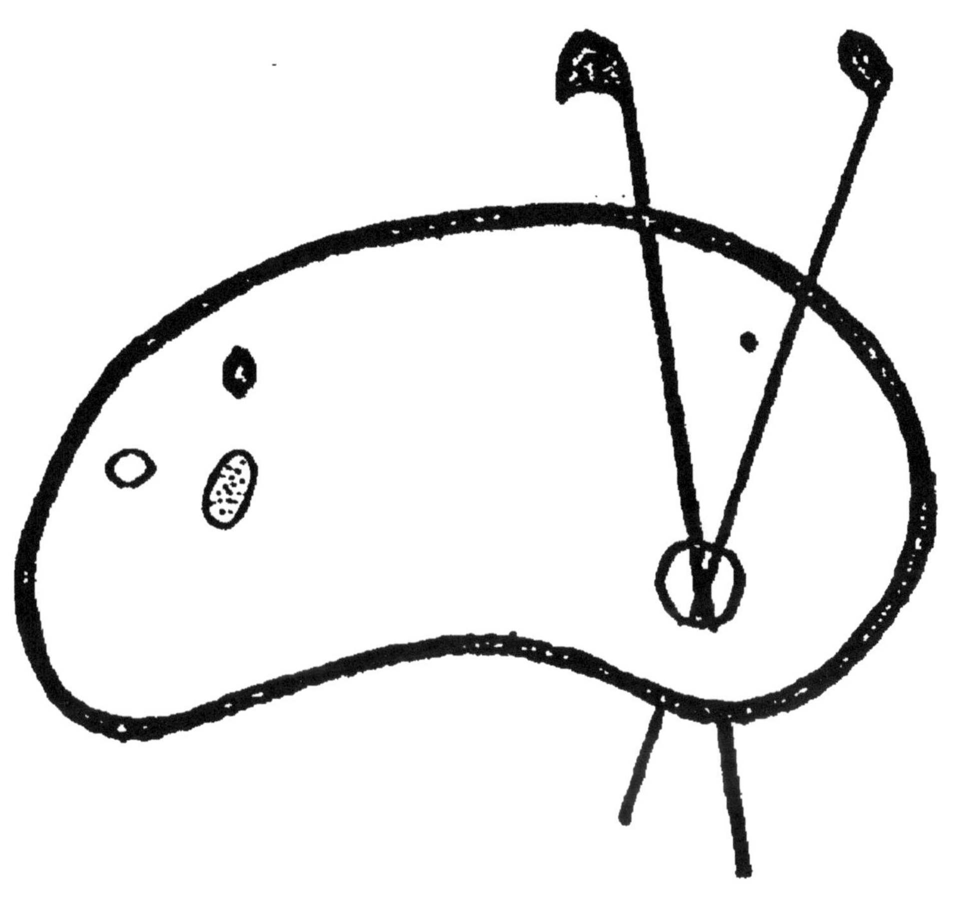

FIN D'UNE SERIE DE DOCUMENTS
EN COULEUR

MAROC

L'orographie est empruntée à l'excellente carte [illegible] de Flotte-Roquevaire

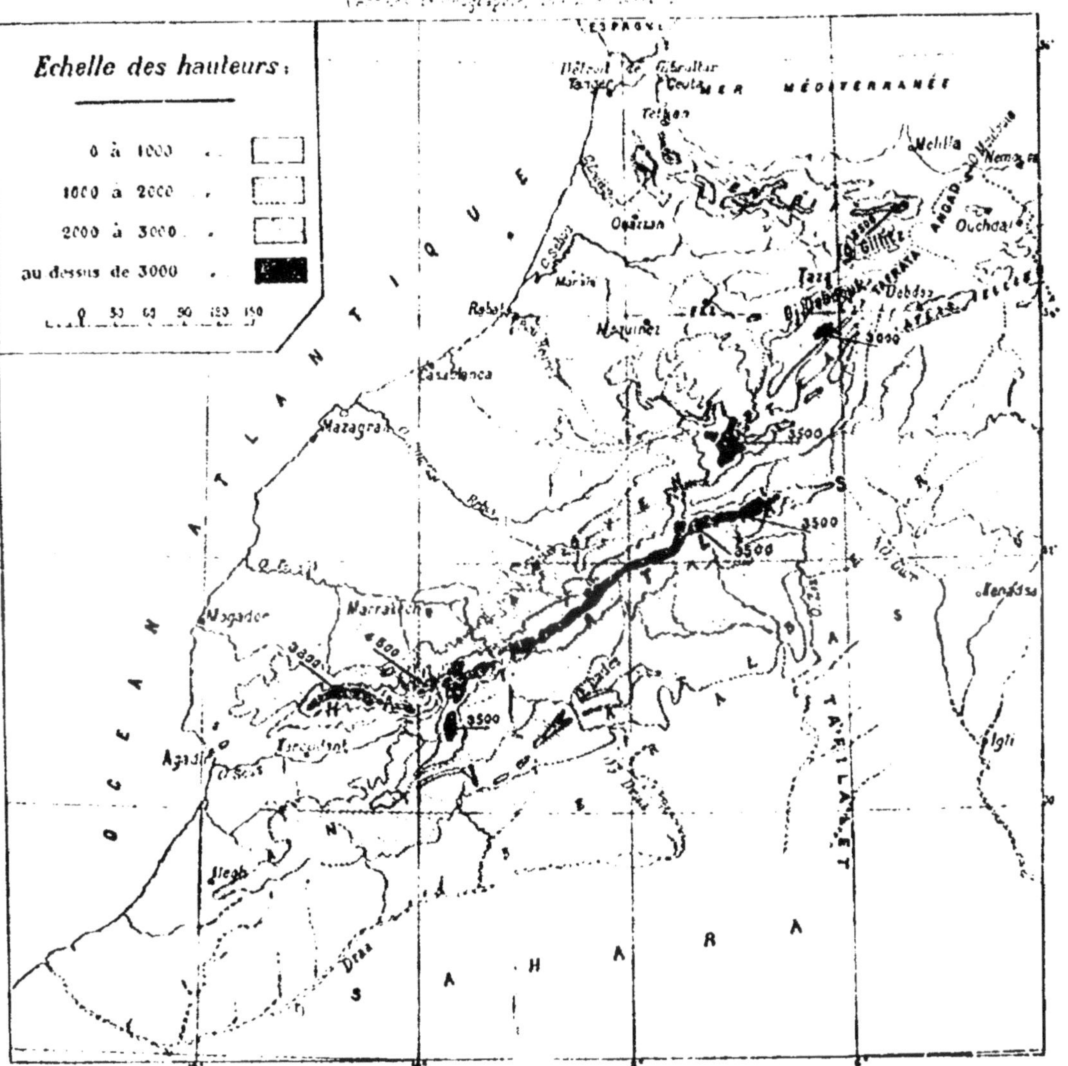

Seules les altitudes au dessus de 1000^{m} sont indiquées sur cette carte.

LA CONQUÊTE MAROCAINE

ET LE

PROTECTORAT

Etude politique, économique, militaire et diplomatique

AVEC CARTE DU MAROC

PAR

Camille SABATIER

Ancien Député d'Oran

Prix : 1 fr. 25

TOULOUSE
LIBRAIRIE DE "LA DÉPÊCHE"
57, Rue Bayard, 57

1903

LA CONQUÊTE MAROCAINE

Et le Protectorat

CHAPITRE PREMIER

Géographie Physique

LES MAROC

Oui, les Maroc! Ce pluriel est nécessaire. C'est parce que l'on s'obstine à considérer comme un même pays l'immense région située entre l'Algérie et l'Atlantique, que notre patriotisme fait des projets malencontreux et notre diplomatie des sottises.

Il ne s'agit pas seulement de distinguer, comme on le fait généralement maintenant, entre le Maroc gouverné et le Maroc indépendant, entre le *blad* ou pays *Maghzen* et le *blad es siba*. Bonne à faire, sans doute, cette distinction n'est, au fond, qu'administrative. Elle délimite le pouvoir du sultan et non les pays marocains. Elle est insuffisante, tout à fait même incomplète.

Jetons les yeux sur une carte hypsométrique de la région marocaine. Il est impossible qu'un lecteur judicieux ne soit pas frappé de l'énorme antithèse qu'y offrent les pays de montagne et les pays de plaine. Cette division est fondamentale et c'est elle que, d'abord, nous allons mettre en relief.

§ Ier. — Les Maroc montagneux

Il y en a deux : 1° Le Riff, qui s'étend, sur le littoral méditerranéen, en face de l'Andalousie. Il commence au détroit de Gibraltar et se termine un peu avant l'embouchure de la Moulouïa; 2° le Deren, que les géographes appellent Atlas, et qui, naissant à l'est du cap Ghir, sur l'Atlantique, va du sud-ouest au nord-est atteindre la Moulouïa, et en ce point n'est plus distant du Riff que d'une vingtaine de kilomètres.

A. Le Riff. — Deux chaînes juxtaposées dans toute la longueur encadrent la courbe que forme du cap Spartel au cap des Trois-Fourches, le littoral africain. Toute voisine du rivage, la chaîne, située à l'intérieur de la courbe, forme le premier gradin. Elle est d'une altitude moyenne d'un millier de mètres, avec des cimes de 1.200 et de 1.500 mètres. La chaîne extérieure a une altitude moyenne de 2.000 mètres, avec des cimes nombreuses et un point culminant de 3.000 mètres, le Djebel-Beni-bou-Yahin. En négligeant les relèvements des collines inférieures à 800 ou

1.000 mètres d'altitude, qui constituent la première assise et comme le socle de la chaine, on constate que celle-ci constitue un massif de 310 kilomètres de longueur jusqu'au Dj. Khedana, sur une largeur moyenne de 40 kilomètres, et que son aire superficielle correspond ainsi à 12.000 kilomètres carrés environ.

Comparons le Riff à notre grande chaîne algérienne, le Djurjura. Celui-ci est également de forme courbe et situé sur le littoral. La chaîne cotière qui lui sert de premier gradin a une altitude moyenne de 700 mètres, avec un point culminant, le Tamgout, à 1.000 mètres environ. La grande chaîne extérieure a une altitude moyenne de 1.600 à 1.700 mètres, et sa plus haute cime, le Lalla-Kadidja, n'atteint que 2.308 mètres. On voit donc, qu'en altitude, le Djurjura est d'un quart inférieur au Riff.

Mais où l'infériorité du Djurjura est extrême, c'est en longueur et en épaisseur. Du mont de Palestro au cap Carbon, la grande chaîne du Djurjura n'a que 125 kilomètres au lieu de 310. L'épaisseur du massif n'est, en moyenne, que de 30 kilomètres, ce qui donne comme aire de surface 3.600 kilomètres carrés au lieu de 12.400 pour le Riff. Si donc on suppute le volume de l'un et de l'autre massif, ce qui permet de tenir compte des deux éléments altitude et surface, on constate que notre Djurjura est *cinq fois plus petit* que le Riff.

Puisqu'il n'y a en Algérie rien de comparable au Riff, cherchons en France. Cévennes, Vosges, Jura sont manifestement montagnes trop petites. N'en parlons pas.

Les Pyrénées, si l'on déduit, comme nous l'avons fait pour le Riff, les prolongements d'altitude inférieure à 1.000 mètres, ont, dépassant le Riff, 340 kilomètres de long, de Céret à la moitié environ du département des Basses-Pyrénées. En outre les Pyrénées l'emportent quelque peu en altitude et en masse. Tandis que le point culminant du Riff n'atteint que 3.000 mètres, le pic de Nétho s'élève jusqu'à 3.402 mètres et quatre autres cimes dépassent 3.000 mètres. De même quant à l'épaisseur du massif, la supériorité est en faveur des Pyrénées, nettement accusée. Si l'on néglige les premières assises des Pyrénées, ainsi qu'il a été fait pour le Riff, il semble qu'on doive évaluer l'aire de surface de celles-ci à 16.000 kilomètres carrés au lieu de 12.400.

En définitive, *la chaine du Riff est inférieure à celle des Pyrénées, mais elle doit s'inscrire immédiatement après celle-ci dans la hiérarchie des grandes chaines du globe.*

B. Le Deren ou Atlas. — Nous trouvons ici de bien autres chiffres, et plus d'un lecteur en sera fort surpris. Les témoignages sont pourtant nombreux et probants : René Caillé, Gérard Rholfs, Von Frisch, Henz, de Foucault, Thompson, Théobald Fischer, de Ségonsac, etc. Au surplus, pour confirmations et détails nous renvoyons au travail et à l'excellente carte hypsométrique du Maroc, par M. de Flottes-Roquevayre *(Annales de géographie du 15 juillet 1901).*

Continuons à dédaigner les prolongements d'altitude inférieure et constatons que le Deren naît, quelques minutes au nord du 29e parallèle et quelques minutes à l'est du 12e degré O. Son premier pic, le Djebel Aznaguiz, près d'Ilegh, ne s'élève qu'à 1.100 mètres. La chaîne prend nettement la direction Nord-Est. Elle gardera cette direction pendant les deux tiers de son parcours, puis se coudera vers le Nord pour se terminer au Dj. Deddouck, au-dessus du 34e parallèle et à l'est du 6e degré, avec une altitude terminale de 1.700 mètres. C'est au total, à vol d'oiseau, une longueur de 840 kilomètres. Pendant 600 kilomètres cette chaîne se maintient à une altitude supérieure à *3.000 mètres*, sauf deux cols qui toutefois dépassent encore 2.800 mètres. Les cimes de 3.500, 3.800 mètres sont fréquentes. L'une d'elles, estimée par Duveyrier, le Dj. Tanjourt, s'élève à 4.500 mètres, hauteur de 300 mètres seulement inférieure à celle du mont Blanc.

C'est dans sa partie centrale, c'est-à-dire dans la région des plus hautes cimes, que l'énorme chaîne a sa base la plus étroite. Toutefois, les monts qui lui servent de socle dépassent encore 1.400 mètres de hauteur : ce sont de hauts plateaux d'où s'écoulent des fleuves, plateaux que relève au Sud une chaîne parallèle, un Anti-Atlas, dont la hauteur est souvent supérieure à 2.000 mètres. Aux deux extrémités, le Deren se bifurque, offrant au

Sud-Ouest l'image d'une pince d'écrevisse, au Nord-Est celle confuse d'une patte de coq. Si l'on essaie de supputer l'aire de surface de tout ce massif, en ne tenant compte que des régions supérieures à 1.000 mètres d'altitude, on obtient une largeur qui varie de 160 à 300 kilomètres, pour se terminer brusquement en pointe vers le Nord, soit en moyenne 800 kilomètres de longueur sur 220 de largeur, les pointes étant négligées. C'est donc une aire de surface de 180.000 kilomètres carrés environ.

On sent bien que ce n'est plus aux Pyrénées, mais aux Alpes qu'il faut comparer le Deren. La carte 25 du Grand-Atlas F. Schrader, nous permet d'établir cette comparaison, dans des conditions parfaites, car, par la France, la Suisse, l'Italie, l'Allemagne et l'Autriche, à travers lesquelles la chaîne géante va développant sa masse, une teinte blanche indique précisément les régions situées à plus de

1.000 mètres. Cette teinte dessine sur la carte une crosse de pistolet. Or, en suivant exactement l'axe courbe de cette teinte, le compas mesure précisément de 880 à 900 kilomètres, avec une largeur moyenne de 180 kilomètres. *Donc, l'aire de surface du Deren est exactement celle de toutes les Alpes centrales, depuis le mont Ventoux en Dauphiné et celui de Beau-Soleil en Provence, jusqu'au Semmering dans les Alpes de la Raab en Autriche.*

Ce n'est que comme altitudes extrêmes que les Alpes l'emportent quelque peu sur le Deren, du moins tel que nous le connaissons, car il se peut que des sommets plus élevés encore que le Tanjourt se révèlent et rivalisent avec le mont Blanc. Comme les Alpes, et malgré sa latitude bien plus méridionale, le Deren a, lui aussi, des glaciers et d'éternels frimas. De même que le Riff s'est placé immédiatement après les Pyrénées dans l'échelle des grandes chaînes du globe, de même le Deren se place immédiatement après les Alpes, non sans quelque réserve, d'ailleurs, car il se pourrait que les explorations futures permettent de constater que les Alpes d'Afrique ne le cèdent en rien aux Alpes d'Europe.

Faisons halte pour constater dès ce moment qu'aller à la conquête du Maroc, c'est en sus des pays de plaine, en sus de Marrakech, de Méquinez et de Fez, en sus du Tafilet, du Drâa, de l'Oued Noun sahariens, c'est aller à la conquête à la fois des Pyrénées et des Alpes, des Alpes entières, depuis les rives de Provence jusqu'aux portes de Vienne. Avant de tenter l'entreprise, voilà ce qu'il faut bien savoir.

On peut aller à Fez avec 12.000 hommes, et, dans les circonstances actuelles surtout, l'enlever par surprise. Soit. Mais on a dû passer pour le faire, entre les Alpes et les Pyrénées, entre le Riff et le Deren ; et quand le cri de guerre aura appelé aux armes montagnards du Riff et montagnards du Deren ; quand, forts de l'inviolabilité de leurs refuges, des centaines de mille hommes en descendront, dressant des embuscades sur toute la ligne de nos convois, on verra alors quelles armées nous serons obligés d'envoyer au secours des 12.000 hommes en détresse dans la région de Fez. 100.000 hommes ! C'est le chiffre *minimum* que prévoyait le général de Miribel. M'est avis que si, parmi les hommes sérieux et réfléchis quelques uns le critiquent, c'est qu'ils l'auront jugé, non certes excessif, mais insuffisant. *Caveant consules !*

§ II. — Les Maroc de plaine

Il y a également deux Maroc de plaines : 1° les vallées soumises au Chérif; 2° le Souss.

A. Les Vallées du Chériff. — Ces vallées sont au nombre de trois et valent d'être étudiées séparément. La première, celle de l'Oued Sbou est la plus importante. Elle s'indique en outre comme le chemin par lequel il serait le plus aisé à une voie ferrée venant d'Algérie, de pénétrer dans le Maroc.

La vallée du Sbou occupe tout l'espace compris entre Riff et Deren. Nous savons que les Alpes marocaines sont dirigées du Sud-Ouest au Nord-Est ; que même, aux deux tiers de leur route, elles s'infléchissent pour continuer presque directement au Nord. De son côté, le Riff s'incline légèrement du Nord au Sud. Suffisamment prolongées, les deux chaînes se fussent donc forcément rencontrées à leur extrémité orientale, comme pour interdire le domaine des Sultans à qui viendrait d'Algérie. Elles n'y ont point réussi, car entre le cap oriental du Deren, le Dj. Deddouk, et celui de Riff, le Dj. Gilliz, il existe un écart de 20 kilomètres, sorte de seuil par lequel on pénètre dans le bassin atlantique de l'Oued Sbou. Ce seuil est à l'altitude de 960 mètres, et c'est en ce point que naissent les ravins qui dessinent le cours supérieur de l'Oued Inmaouen. Celui-ci, après un parcours de 110 kilomètres dans la direction Est, se joint, à une demi-journée avant Fez, à l'Oued Sbou lui-même, venu du Sud-Est. Peu après, celui-ci reçoit l'Oued el Leben, puis l'Oued al Ouragha, tous deux venus du Riff. L'Oued Sbou est dès lors un véritable fleuve qui, après un cours total d'environ 500 kilomètres, va se jeter dans l'Océan, près du mauvais petit port de Mehdia.

La vallée centrale est de basse altitude et formée d'un riche alluvion. Les premières assises du Riff, au Nord, et du Deren, au Sud, l'encadrent de collines qui vont s'étageant jusqu'au hautes chaînes. Les villes importantes occupent soit la partie basse de la vallée, telles Taza, Fez, Zerhoum, soit les premières pentes des collines limitrophes comme Méquinez et Ouazzan. Sous une direction éclairée, cette région deviendrait fort riche : c'est une vaste Mitidja. Malheureusement, tout le long de l'Atlantique et jusqu'à 30 ou 40 kilomètres dans l'intérieur, le sol est si bas que les eaux s'y répandent en marécages pestilentiels. Au Nord et au Sud de l'embouchure de l'Oued Sbou, entre l'Océan et les montagnes, au Nord jusqu'à Tanger, au Sud jusqu'à la vallée de l'Oum er Rebia, dont nous allons parler, le sol reste à basse altitude. Dessinée sur une carte hypsométrique, la vallée en son ensemble présente l'aspect d'un convolvulus à corolle allongée, ayant pour sépales, pour collerette, les pics du Deddouk et du Gilliz et s'épanouissant largement sur l'Océan. A la vérité, la vallée du Sbou ne fait pas seule les frais de cette riche plaine; de petites rivières du littoral indépendantes du Sbou contribuent à l'arroser, à savoir : le Loukos au Nord, avec le petit port d'El Araïch à son embouchure, et le Bou Regreg qui se jette dans l'Océan entre Rabat et Salé.

Toute cette région entre Riff et Deren et la partie littorale contiguë est représentée assez bien par un triangle ayant 310 kilomètres de hauteur sur 300 kilomètres de base. C'est donc une superficie de 46.500 kilomètres carrés dont un cinquième environ en marécages à peu près inhabitables. Les deux tiers des 37.000 kilomètres carrés restant sont formés par la plaine alluvionnaire peuplée d'Arabes et de Maures dont l'agglomération constitue la force principale, sur laquelle repose l'empire des Sultans. Les autres 12 ou 15.000 kilomètres carrés sont occupés par les premiers contreforts limitrophes et peuplés de Berbères dont la soumission au Sultan est sujette à de fréquentes défaillances et dont les incursions sont, pour Méquinez surtout, un constant cauchemar.

Ce pays sera un jour des plus riches du monde. Sans nul doute une voie ferrée reliera Tanger à Fez par Ouazzan et de Fez gagnera Igueli et plus tard Tombouctou. Un jour sera, lointain encore, où cette ligne sera celle de la malle des Indes. Mais en attendant il ne faut pas oublier que les 36.000 kilomètres carrés utilisables dans cette vallée, superficie qui équivaut à la quatorzième partie de la France, est convoitée à la fois par l'Angleterre, l'Espagne et nous, et risque fort d'être une pomme de grosses discordes entre les trois nations. Il ne faut pas oublier aussi qu'elle est peuplée par une nation fanatique et guerrière et surtout gardée, serrée de près, par les géantes chaînes du Deren et du Riff et leurs redoutables montagnards. Pour Dieu ! qu'avant de permettre qu'on l'engage, notre démocratie étudie une aussi grave affaire et qu'elle ne laisse pas la direction des événements à ceux dont la mission est bien plus de se battre que de prévoir.

La deuxième vallée qui puisse mériter le nom de vallée du Chériff, parce que le pouvoir de celui-ci y est non moins reconnu que dans la précédente, est celle de l'Oum er Rebia. D'un tiers moins étendue que la précédente, elle est, du moins, moins marécageuse. La plaine d'alluvion y représente environ 20.000 kilomètres carrés et les collines berbères qui l'encadrent y en ajoutent 8.000 autres.

Les Berbères du Dj. Hassaïa rendent difficiles les communications directes de la haute vallée avec la vallée précédente. Aussi, quoique la région de l'Oum er Rebia soit facilement abordable par le Nord-Ouest à celui qui occuperait déjà la vallée du Sbou, encore faut-il bien savoir que ce serait une nouvelle conquête à faire, pied à pied, sur des populations non moins fanatiques et non moins guerrières que les précédentes, et faisant prendre contact avec de nouvelles tribus montagnardes que leur éloignement aurait empêché de nous attaquer sur la route de Fez.

La dernière vallée chérifienne est celle de l'Oued Teusift. Elle offre les mêmes caractères que les vallées précédentes; comme elles, elle est isolée par les montagnes berbères qui l'entourent et n'a de communication avec ses voisines que par sa partie inférieure, en bordure du littoral. C'est dans cette vallée qu'est Marrakeh, rivale de Fez et elle aussi capitale de l'Empire. Pour l'atteindre et la prendre, l'effort qu'il faudrait faire serait sérieux, et, comme dans la vallée précédente, il faudrait s'attendre à une résistance énergique de toutes les tribus. Sa superficie est de 22.000 kilomètres carrés, dont un tiers en fortes collines.

B. Le Souss. — Le Souss ne fait pas partie intégrante de l'Empire, sans que, d'ailleurs, la relative autonomie dont il jouit soit bien fixée. Le Souss est d'autant plus indépendant que le sultanat est plus faible. Tributaire donc, plutôt que directement gouverné, ce pays est presque exclusivement berbère ; sa population est dense et se répartit en tribus nomades et villages sédentaires. Elle est industrieuse et guerrière. La plupart de ses villages sont entourés de remparts et crénelés; mais les véritables remparts en sont bien plutôt les deux branches de la fourche gigantesque qui forme le pied occidental du Deren. Le Souss tout entier en est enserré, de telle sorte qu'il n'est abordable que par sa base et dans un espace assez resserré. Telle est la raison de son indépendance relative, maintenue, il est vrai, au prix de guerres fréquentes.

La superficie totale du Souss, collines du cadre comprises, ne dépasse pas 14.000 kilomètres carrés. Son port était Agadir et celui-ci est sans contredit, avec Tanger, le plus vaste que le Maroc ait sur l'Atlantique. Mais sa prospérité est tombée quand fut fondé, en 1710, le port de Mogador.

En définitive, les Maroc de plaine comptent ensemble une superficie de 110.000 kilomètres carrés environ, dont 10.000 occupés par des marécages, 30.000 environ par les prolongements du Deren inférieurs à 1.000 mètres d'altitude. C'est un peu moins du cinquième de la superficie de la France. On comprend que, tant en raison de l'isolement de chacune des quatre vallées que par suite des habitudes de vie et d'esprit de ces diverses populations, la conquête *simultanée* des quatre vallées exigerait quatre corps d'armée de valeur inégale. Qu'on ne se berce point du chimérique espoir que Fez tombée entre nos mains, les populations de ces diverses vallées en seraient assez effrayées pour se rendre. Toute l'histoire du Maroc proteste contre une telle hypothèse. Sans parler des Souss, le pays de Marrakech a souvent lutté contre l'influence de Fez et réciproquement; et ces deux parties de l'Empire sont si jalouses l'une de l'autre que le Sultan est obligé de les maintenir toutes deux capitales, et d'habiter tantôt l'une et tantôt l'autre. Une seule chose leur est bien commune : le fanatisme et la haine du chrétien.

§ III. — Le Maroc Saharien

Il commence sur la côte Atlantique, un peu au nord d'Ifni, et de là, allant vers l'Est, développe sa limite septentrionale en flanc de coteau du Deren. On sait que nous avons attribué au massif de la chaîne toutes les parties situées au-dessus de l'altitude de 1.000 mètres. C'est donc à partir et au-dessous de cette altitude que le versant Sud du Deren appartiendra au Sahara. D'Ifni à la frontière algérienne, le Maroc saharien ainsi délimité présentera un développement de 900 kilomètres.

Au Sud, le Sahara marocain se poursuit jusqu'aux espaces indéfinis de Tanezroufs et de dunes que le Soudan et le Maroc peuvent également considérer comme leur dépendance. Mais il y a en bordure Nord de ce Sahara, une région assez peuplée par les tribus nomades ou sédentaires pour que l'occupation permanente en paraisse à la France, devenue maîtresse du Maroc, aussi nécessaire que lui a paru nécessaire en Algérie l'occupation, je ne dis pas du Mzab, mais de Géryville, de Laghouat, de Touggourt et d'El-Oued. On peut dès maintenant délimiter aisément cette zone d'occupation nécessaire, ou plutôt constater cette délimitation, dont la nature elle-même s'est chargée. En effet, dans les trois cinquièmes de son étendue, la largeur saharienne est traversée par un lit de rivière, le plus souvent à sec, l'Oued-Draa, mais sous les sables desquels, en maints endroits du moins, l'eau se rencontre avec certitude. Aussi les grands nomades se donnent souvent rendez-vous sur ses bords, circonstance qui imposerait à nos garnisons extrêmes le devoir de prolonger jusqu'à ceux-ci une surveillance permanente. Du coude de l'Oued-Draa, la ligne d'occupation rejoindrait notre port d'Igueli sur l'Oued-Messaoua.

Quelle est, ainsi délimitée, la superficie d'occupation du Sahara marocain ? Promené transversalement sur les divers points de sa longueur, le compas nous montre que cette bande présente des largeurs de 150, 140, 120, 70 à hauteur de Tatta, 110, 140, 160 et enfin 250 kilomètres sur l'Ouest de l'Oued-Guir. C'est une moyenne de 140 kilomètres au moins, ce qui représente une superficie de 135,000 kilomètres carrés, le grand Sahara non compris.

Mais c'est bien moins cette étendue qui mérite notre attention que les conditions d'accès et de communications que présente ce vaste pays. Dans notre Sahara algérien, nos troupes arrivent du Tell par une ligne courte et directe. C'est de Mascara ou de Tlemcen qu'on se rend à Aïn-Sefra, de Médéah qu'on va à Laghouat ou de Batna à Biskra. Des lignes ferrées ont pu desservir ces itinéraires directs. Ici, rien de pareil : le Deren isole ce pays plus encore qu'il n'isolait ceux précédemment étudiés. En effet, sur une étendue de 600 kilomètres, rappelons-le, la chaîne est absolument infranchissable; sa crête s'y dresse, en effet, à plus de 3.000 mètres, et les deux cols qu'elle présente restent encore à une altitude supérieure à 2.800 mètres. Ni troupes en marche, ni convois ne les pourraient assurément utiliser. Au bout de 600 kilomètres à altitude maxima, la chaîne s'abaisse, il est vrai, mais non si vite que des convois puissent trouver de suite des passages aisément praticables. Le plus fréquenté et le plus accessible des cols de la partie inférieure orientale, celui de Tizi N'tilremt, s'élève encore à 2.162 mètres. Croit-on qu'il ne sera pas préférable d'accroître la route de 100 kilomètres et de se maintenir en pente modérée ou en plateau?

Ainsi toutes les garnisons qui s'échelonneront dans le Sud marocain ne pourront-elles être desservies que par les deux extrémités orientale ou occidentale. C'est comme si, en Algérie, pour se rendre à Laghouat, nos troupes étaient obligées de passer par Aïn-Sefra ou par El Oued.

§ IV. — Le Maroc Moulouyen

C'est le sixième et le dernier. En raison d'une br[illegible]e déviation de notre frontière vers l'Ouest, il commence sur la côte, avec une largeur insignifiante : la trentaine de kilomètres qui séparent notre frontière, du faîte du Dj. Khedana attribué au Riff. Mais à peine le rivage est-il quitté, que la largeur s'accroît rapidement ; à hauteur d'Ouchda, elle atteint 100 kilomètres, plus loin 180 et bientôt les dépasse fort, jusqu'à ce que soit atteinte, sur le versant Sud, cette altitude maximum de 1.000 mètres à laquelle nous faisons commencer le

Sahara. C'est sur une profondeur d'environ 350 kilomètres, un pays de 180 kilomètres de largeur environ, c'est-à-dire une superficie de 63.000 kilomètres carrés.

Ce pays n'a jamais été marocain que par fiction diplomatique. Géographiquement, il appartient à l'Algérie et s'offre par ses caractères constitutifs et morphologiques comme le prolongement de la province d'Oran. Les Beni-Snossen, qui en occupent la partie la plus septentrionale, seraient misérables dans leurs rocheux ravins, s'ils ne trouvaient chez nos colons oranais du travail assuré et de bons salaires.

Les Mehaïa et les Angad, situés au Centre et au Sud de cette région, étaient les convoyeurs des caravanes que le Tafilalet et le Figuig nous envoyaient jadis; et c'est uniquement chez nous qu'ils peuvent vendre la laine de leurs moutons. Economiquement, non moins que géographiquement, toute cette région est donc oranaise.

Par contre, rien n'est commun entre ce pays et le vrai Maroc. Deux obstacles, d'ailleurs, barrent aux Beni-Snassen ou aux Mehaïa la route de Fez : l'un, très difficile à franchir pendant l'hiver, la Moulouïa; l'autre, que quelques fortifications barreraient aisément, l'intervalle de 20 kilomètres, qui, la Moulouïa franchi, s'offre 40 kilomètres plus loin, entre l'extrémité du Riff, le Dj. Gilliz et la pointe du Deren, le Dj. Deddouk. Il est remarquable que, après la victoire d'Isly, le négociateur du Traité de 1845 n'ait pas exigé l'une ou l'autre de ces deux frontières naturelles. Nous en donnerons plus loin la raison.

Récapitulons maintenant, en forme de conclusion, les principaux enseignements qu'il faut tirer de ce qui précède et faisons le compte d'abord de la superficie totale qu'il faudrait occuper du fait d'une conquête totale du Maroc. Pour y arriver, comblons une lacune dans notre calcul de la superficie du Riff. Nous savons que le haut pays, c'est-à-dire celui qui est situé à une altitude supérieure à 1.000 mètres, est d'une superficie de 12.400 kilomètres carrés. Mais tout autour du haut pays, courent, s'abaissant progressivement, de longs chaînons qui constituent les étages inférieurs. Dans les deux tiers de la chaîne, l'ensemble du Riff, c'est-à dire la région que nous n'avons pas comprise dans le calcul de la vallée du Sbou, est en moyenne de 50 kilomètres, et sur le tiers restant, il dépasse 100 kilomètres. C'est au total 70 kilomètres comme moyenne largeur des 310 kilomètres en longueur, c'est-à-dire une superficie de 23.000 kilomètres carrés, haut pays compris.

La récapitulation générale nous donne donc :

Riff. — Haut et moyen pays, les moindres collines étant comptées dans la vallée du Sbou	23.000
Deren. — Haut pays, au-dessus de 1.000 mètres d'altitude........................	180.000
Vallée de l'O. Sbou, collines limitrophes comprises	46.500
Vallée de l'Oum er Rebia, collines limitrophes comprises	28.000
Vallée du Tensift, collines limitrophes comprises	22.000
Vallée du Souss........................	14.000
Sahara marocain........................	135.000
Pays moulouyen........................	63.000
Total (sauf le grand Sahara).......	511.500

La superficie totale de la France est de 536.408 kilomètres carrés. En tenant compte des chances d'erreur que comportent nos calculs, bornons-nous donc à dire, comme conclusion, que la superficie à occuper dans le Maroc, si nous en faisions la conquête intégrale, équivaudrait à presque celle de la France entière.

Or, au beau milieu de cette superficie, et en

occupant plus du tiers, se dressent, tout entières portées sur un socle de mille mètres, de véritables Alpes, séparant aussi complètement la vallée de l'Oued Tensift de celle de la Moulouïa, ou celle du Sbou de celle du Drâa, que les Alpes européennes séparent le Rhin du Pô ou le Rhône du Danube. C'est, encore que sur le rivage s'offrirait à nos attaques un massif tout pyrénéen. C'est, au total, que les obstacles naturels, sans parler des hommes, seraient par eux-mêmes déjà formidables. Observons d'ailleurs que ces obstacles ne se présenteraient à nous que lorsque nous aurions franchi la Moulouïa, le pays situé en deçà étant, vis-à-vis de nous, pleinement ouvert et accessible. Observons enfin que tous ces retranchements et ces remparts naturels convergent vers un but commun et suprême : garder contre toute menace les vallées chérifiennes de l'O. Sbou, de l'Oum er Rebia, du

Tensift, ces vieux royaumes de Fez et de Marrakech, le saint empire du Sultan, et les réserver comme un suprême refuge à la souveraineté islamique. C'est pour cela que des deux côtés de la route qui de Taza mène à Fez, se dressent Pyrénées et Alpes; c'est pour cela qu'à droite et à gauche de cette route se pressent aujourd'hui, armées de Remington et de Winchester, des populations fanatiques dont l'humeur indomptable et l'esprit guerrier n'ont été dépassés chez aucun peuple de la terre; c'est pour cela que, sur le rivage, en face de l'Océan, s'étend une côte, la plus inhospitalière du monde, non seulement privée de ports ou de hâvres, mais encore, en avant, gardée par un long banc de sables et en arrière par un large cordon d'infranchissables et pestilentiels marais. Malheur à l'imprudent qui s'aventurera dans la citadelle islamique, dût-il d'un premier coup enlever Taza et Fez. Sans doute la large brèche de Taza nous tente. Les vingt kilomètres qui séparent les deux pylônes géants, — Dj. Gilliz et Dj. Deddouk — qui forment comme l'entrée d'un pays sacré, ces vingt kilomètres s'ouvrent béants et nous invitent. Mais prenons garde que ce ne soit l'appel du gouffre. Que l'amour de notre pays, que le sentiment français nous protégent; qu'ils donnent à ceux qui ont charge des destinées de la Patrie la claire vision des périls, et le sentiment des formidables sacrifices d'argent et des hécatombes de jeunes hommes qu'exigerait une conquête armée dont notre gloire n'a d'ailleurs nul besoin.

CHAPITRE II

Géographie Politique

Maintenant que l'orographie de la région nous est connue, passons aux habitants; et d'abord, combien y en a-t-il et comment sont-ils répartis?

A. Population. — Il y a cinquante à soixante ans, quand les géographes n'avaient encore à leur disposition que de rares données, c'est à 8.500.000 habitants que les plus qualifiés s'étaient arrêtés. C'est notamment le chiffre que dans son édition de Malte-Brun, en 1867, indique Lavallée. A ce moment on n'avait sur l'ensemble marocain que les indications de Léon l'Africain, de Marmol et de

Graberg de Henso. On jugeait du Maroc par les environs de Fez et de Marrakech que quelques missions diplomatiques avaient explorés, ou par quelques régions côtières. Le Riff et le Deren étaient à peu près inconnus. Les appréciations de densité de population ne reposant sur aucun élément sérieux, chacun jugeait par le petit coin qu'il avait entrevu, et les écarts étaient extrêmes : Cloden n'attribuait au Maroc que 2.750.000 âmes tandis que Jackson qui avait vu non seulement le Maroc du Maghzen mais encore le Souss, portait le chiffre à 15 millions.

Depuis cette époque, de nombreuses explorations ont eu lieu et l'impression que laissaient les relations successives était que décidément le Maroc était d'une densité de population très supérieure à l'Algérie. Lenz, voyageur sans nul doute autorisé et bon observateur, ayant visité une région arabe, de Mogador à

Marrakech, puis le Souss, évaluait l'ensemble marocain à 8 ou 9 millions. Depuis cette époque, les belles relations de de Foucault et d'autres nous ont montré un Deren plus peuplé qu'on ne le croyait, tandis que les études de M. Mouliéras, interprète militaire, ne permettent pas de douter que la population du Riff ne soit très dense; ce qui ne saurait étonner, car les analogies entre le Riff et le Djurjura sont en tous points saisissantes, et l'on sait que le Djurjura est surpeuplé. L'impression produite sur M. Mouliéras par son étude du Riff a été telle, que, subissant l'entraînement auquel avait déjà obéi Jackson, il n'évalue pas à moins de *trente* millions la population du Maroc entier.

Essayons de synthétiser les renseignements épars et de donner une évaluation à peu près scientifique. « Mais cela n'est pas possible, » me répondront certains critiques. *Le Temps*, dans un récent article, contestait toute valeur à mes recherches. « M. Sabatier, dit-il en substance, fit jadis, en *un brillant travail,* le recensement du Touat. Il y dénombrait 400.000 habitants. Or nos officiers n'y en ont trouvé que 35.000. Voilà ce que valent les calculs. » Une première rectification est nécessaire, car *Le Temps* a mal lu mon livre. Ce n'est pas 400.000 habitants que j'attribuais à l'ensemble des oasis touatiennes : Oued Massaoura, Gourara, Touat et Tidikelt, mais 298.000, en comprenant dans le calcul non seulement tous les sédentaires, libres ou esclaves, mais encore les nomades ensilosant dans ces oasis. Je n'ai point eu connaissance de la statistique militaire dont parle *Le Temps,* et j'ignore si d'une part elle vise tout le territoire depuis Figuig jusqu'aux Touaregs et depuis Tebelbelt jusqu'à Temassinin. J'ignore également si elle comprend les esclaves en même temps que les hommes libres. J'ignore enfin si *Le Temps*, qui avait mal lu mes chiffres, a mieux lu ceux de la statistique en question.

Mais ces premières réserves faites, j'ajouterai que les premières statistiques administratives faites en pays indigène sont *toujours gravement* fausses, et qu'elles le sont *toujours* dans le même sens, à savoir qu'elles sont très au-dessous de la réalité. La raison en est simple : elle n'incrimine en rien le zèle ou la sagacité des statisticiens. Elle réside dans la nature des choses. En effet, les renseignements s'obtiennent par l'entremise des chefs indigènes qui, sachant que leur loi religieuse autorise de soumettre les infidèles à la capitation, sont persuadés que nous voulons en faire autant à leur endroit. Ils sont d'autant plus portés à le croire, qu'effectivement c'est la capitation que nous avons établie en Kabylie. L'homme est donc, dans leur pensée, une matière imposable prochaine. Pourquoi les recenserions-nous, se demandent-ils, si ce n'est pour leur faire payer un impôt? Aussi s'ingénient-ils à dissimuler le plus possible. C'est ainsi que les premiers chiffres fournis par les statistiques algériennes ont été ridicules. Nous savons de science certaine que la population indigène de l'Algérie, quand nous y sommes arrivés, n'était pas inférieure à 3.000.000. Quarante-un ans d'une guerre meurtrière, pour les jeunes hommes surtout, et la terrible famine accompagnée de typhus qui, dans l'hiver de 1866 à 1867 a enlevé le quart de la population, l'avaient très fort diminué. Cependant, le recensement de 1881 accusait encore 2.850.866 musulmans; or, ce chiffre était de plus d'un dixième encore inférieur à la vérité car les femmes recensées étaient bien moins nombreuses que les hommes, ce que les recensements ultérieurs ont constaté être faux. Or, les premières statistiques algériennes n'accusaient que 1.200.000 habitants. Encore, pour obtenir ce chiffre, avait-on relevé tous ceux fournis par les caïds, parce que la sensation extérieure des choses les avait indiqués comme manifestement inexacts.

De même en a-t-il été pour les dattiers, autre matière imposable. Pendant trente ans, le chiffre officiel, et *militaire*, des dattiers d'Ouargla a été de 100.000. Le jour où on a pris pour unité imposable, non plus l'oasis, mais chaque contribuable et où, d'autre part, on a procédé au recensement direct et non accepté simplement des déclarations de caïd, le nombre des dattiers s'est brusquement élevé à 500.000. Je sais qu'on a recensé 3.000.000 de dattiers au Touat par les anciens procédés. Or, il n'y a aucune raison pour supposer que les choses se seront passées différemment qu'à Ouargla. Il se pourrait donc fort bien qu'il y ait 15.000.000 de dattiers. En tous cas, je garde toutes les raisons que j'avais antérieurement pour croire qu'il y en a douze.

N'essayons donc pas de trouver dans les statistiques d'une administration, que tous les informateurs se sont employés ardemment à tromper, un argument contre des évaluations qui font, le plus sincèrement et le plus rationnellement possible, état des données diverses. Cela vaut mieux, sans nul doute, que de juger à l'aveuglette et même que de ne pas juger du tout et de se lancer dans l'inconnu, en fermant volontairement les yeux.

Attaquons donc le problème de la population marocaine, sans nous émouvoir davantage des critiques *a priori*, et, pour établir une comparaison avec l'Algérie, fixons à 3.000.000 la population indigène que paraît avoir eue celle-ci en 1830, dont 2.400.000 pour le Tell, qui comporte 110.000 kilomètres carrés, et de 600.000 pour le Sahara, qui a une superficie de 350.000 kilomètres carrés, grand désert non compris; la population était donc de 21,81 habitants par kilomètre carré pour le Tell et de 1,7 pour le Sahara.

Quelle est l'étendue marocaine qui correspond au Tell? C'est évidemment l'étendue habitable des versants maritimes, Oued-Drâa non compris. Or, les données que l'étude de la carte nous a fournies nous permettent d'évaluer le versant maritime. En supposant égaux l'un à l'autre les deux versants maritimes ou saharien du Deren, nous faisons plutôt tort au Tell marocain, car le versant du Deren qui fait face directe à l'Océan s'augmente d'un versant Ouest. Négligeons cela pourtant afin de rester au-dessous de la vérité. Dès lors, nous attribuerons au Tell marocain seulement la moitié du Deren,

soit	90.000 kil. carrés	
La superficie du Riff	23.000	—
Les trois vallées chérifiennes	96.500	—
La vallée du Soas	14.000	—
Le pays Moulouyen	63.000	—
	286.500 kil. carrés	

Mais il convient de retrancher de ce chiffre une certaine quantité de kilomètres carrés, représentant : 1° la région tout à fait supérieure et, par cela même, inhabitable du Deren ; 2° la région moulouyenne, qui est comprise dans le bassin du Chott-Tamlett ou du Chott-Gharbi et qu'en géographie on nomme Dahra. Cette région correspond, en effet, aux hauts plateaux algériens. En réduisant de 20.000 kilomètres carrés pour la première raison et de 15.000 pour la seconde, nous sommes certains de faire large part. Nous attribuerons donc, en définitive, au Tell marocain 251.500 kilomètres carrés qui, à raison de la densité moyenne de l'Algérie de 1830, nous donnent une population de 5.517.930 habitants. La population du Sahara marocain, calculée sur le même pied que celle du Sahara algérien mais en augmentant le chiffre de 135.000 kilomètres carrés de 15.000 du Dahra moalouyen, équivaut à 255.000 habitants. C'est en réunissant les deux chiffres et en les arrondissant de quelques unités pour tenir compte des fractions perdues, une population de 5.439.003 habitants.

Est-ce sur un calcul analogue que M. de Miribel s'était fondé pour attribuer cinq à six millions d'habitants au Maroc? Il ne me l'a point dit. Mais ce que je sais, c'est que les observations qui vont suivre le frappèrent et le firent changer d'avis. Qu'elles soient fastidieuses, hélas! je n'en disconviens pas. Mais je les développe pour les hommes réfléchis qui ont souci de fonder leur jugement sur des bases raisonnées.

Quiconque a étudié la démographie indigène de l'Algérie a remarqué que, sauf au Sahara, les Berbères n'habitent que les montagnes, et qu'ils y forment des groupes de population dont la densité est toujours supérieure à la moyenne générale. En Sahara, la population des Ksours, le plus souvent situés dans le steppe, sont de langue berbère ; mais cette apparente anomalie est susceptible d'être expliquée par l'ethnologie. A la vérité, ce point de détail ne mérite pas ici la digression qu'il nécessiterait.

Mettons par des chiffres cette observation en relief : au recensement de 1896, la population indigène du Tell algérien étant en moyenne de 23 habitants au kilomètre carré, les communes mixtes suivantes, qui comportent les régions les plus montagneuses de l'Algérie, et sont peuplées d'éléments, ou en grande majorité ou exclusivement berbères, ont présenté les chiffres de densité qu'indique ce tableau :

Ouarensis,	un hab.	par	3 hect.	ou 33 hab.	par kil. car.
Aurès....	—	—	2 hect. 30	ou 43 —	—
Tababort..	—	—	2 hect. 22	ou 45 —	—
Hédromat.	—	—	2 hect. 20	ou 45 hab. 4	—
El Millia..	—	—	1 hect. 86	ou 54 —	—
Akbou....	—	—	1 hect. 75	ou 57 —	—

Si les statistiques ne me faisaient actuellement défaut, je rendrais ce tableau bien plus significatif, car je pourrais démontrer que plus un massif est épais et abrupt, et, pour tout dire en un mot, inaccessible, plus la population en est dense. En effet, le chiffre de densité indiqué pour l'Aurès est celui de la commune mixte, qui comprend, en même temps qu'une grande partie du massif, une certaine étendue de plaine moins peuplée. Si le massif avait pu être isolé, on aurait constaté une densité notablement supérieure. Même observation pour la commune mixte de l'Ouarensenis qui, en sus du massif berbère, comprend une plaine arabe.

Mais voici maintenant des régions purement kabyles. Elles ne se distinguent entr'elles que par le plus ou moins de facilité qu'on a à y accéder du dehors. La première, la commune mixte du Haut-Sébaou, est située dans la vallée de ce nom et est assez aisément accessible dans toute son étendue. La seconde occupe le versant oriental de la partie nord du Djurjura et déborde sur le versant occidental. Cette partie en est de difficile accès, mais l'autre partie de la commune est traversée par la vallée de l'Oued Sahel et devient accessible. Les deux autres communes, la deuxième surtout, sont absolument constituées par un massif abrupt et des précipices profonds. Le sol est hérissé de roches et d'une déclivité à faire peur aux singes, et les cimes y sont, surtout dans celles du Djurjura, les plus hautes de l'Algérie.

Or, voici la densité présentée par ces 4 communes mixtes, en ne tenant compte que des seuls habitants et des seuls territoires indigènes :

Haut-Sébaou...........	1 hab. pour 1 h.	10 ares
Soummam..............	1 hab. —	90 ares
Fort-National mixte.....	1 hab. —	82 ares
Djurjura................	1 hab. —	42 ares

Ainsi c'est la région la plus sauvage, la plus stérile par nature et la plus inaccessible de tout le Tell algérien qui a la densité la plus forte, et quelle densité! supérieure à celle des Flandres, peut-être la plus considérable du globe si l'on excepte les grandes villes et leur banlieue : 240 habitants par kilomètre carré.

La Tunisie s'est conformée à la loi algérienne : grandes villes excepté, la Kroumirie, c'est-à-dire la partie la plus montagneuse, s'est également trouvée être la plus berbère et aussi la plus peuplée de la Régence.

Eh bien, que faut-il penser du Maroc? La

population berbère y prédomine bien plus qu'en Algérie, et les régions supérieures à 1.000 mètres y occupent plus de la moitié du Tell.

Avant de répondre, recherchons les causes de ce double phénomène : 1° l'accumulation de la race berbère dans les massifs de montagne; 2° la densité que cette population y présente.

Le premier phénomène s'explique, par l'histoire, de la manière la plus simple : lorsque la terrible invasion arabe, celle du onzième-douzième siècle, s'abattit sur le Maghreb, la population se réfugia toute entière dans les montagnes, abandonnant les plaines aux envahisseurs. Cette circonstance explique même, pour une part, la densité de la population montagnarde, car à celle qui existait déjà dans les massifs vint s'ajouter en surcroît la population fugitive des plaines. Mais il est une deuxième raison, c'est que, à l'inverse de la population arabe, la race berbère ne pratique pas la polygamie, régime préjudiciable à la natalité. Dans tout pays, en effet, le nombre des femmes est, à un dix-neuvième près soit dans un sens soit dans l'autre, égal à celui des hommes. Il en résulte que quand un seul homme s'adjuge dix femmes il prive neuf hommes du droit de fonder une famille.

Or, ces deux causes, la sociologique aussi bien que l'historique, ne sont-elles pas générales? N'ont-elles pas agi aussi bien au Maroc qu'en Algérie? Quelle raison peut-il donc y avoir de douter que la densité des massifs ne soit au Maroc, comme en Algérie et en Tunisie, supérieure à celle des plaines ?

Au surplus, les explorations ont jusqu'à présent corroboré la loi. Les voyageurs marquent fréquemment leur surprise de trouver dans les gorges les plus inaccessibles du

Deren, des cordons de villages; et s'il fallait en croire M. Mouliéras, la population du Riff serait de densité aussi considérable que celle des deux communes mixtes du haut Djurjura. Certes, nous sommes bien loin d'aller jusque là. Mais il y a en tout cas un fait certain et vraiment de notoriété publique dans la région de Tlemcen où chaque année des bandes d'indigènes du Riff viennent se louer pour les travaux agricoles et où sont de nombreux négociants arabes ou juifs qui connaissent les deux régions : c'est que le Riff est moyennement bien plus peuplé que la commune mixte de Nédromah, très voisine de la frontière du Riff, et dont on sait que la densité est de 54,4 par kilomètre carré. Or, en supposant au Riff précisément cette densité, on obtiendrait, pour ces 23.000 kilomètres, une population de 1.251.200 habitants. En supposant au contraire un chiffre infiniment plus probable, celui de la commune mixte la moins peuplée de la région du Djurjura, celle du Haut-Sébaou, 90 habitants au kilomètre carré, nous aurions 2.070.000 habitants.

Que le lecteur réduise ce chiffre, si cela lui plait. Quoique je ne m'y sente pas autorisé par les informateurs, j'y consens. Diminuons donc de dix, voire de quinze habitants par kilomètre carré, et ramenons la densité à 75 habitants; et nous inscrivons, pour le Riff seulement, une population de 1.725.000 âmes.

Que faut-il penser du Deren? On sait que nous avons réduit sa superficie tellienne de 20.000 hectares comme constitués par des régions de trop haute altitude. A quel chiffre de densité allons nous estimer les 70.000 hect. restants? Trois circonstances nous permettent, en sus de la loi démographique que nous avons exposée plus haut, de considérer comme de supposition insuffisante pour cette région la densité de la commune mixte de Médromah ; c'est d'abord l'impression qui se dégage de la lecture des auteurs, c'est ensuite l'abondance des eaux, des bois, des chèvres, etc., qui rendent le Deren plus hospitalier que le Djurdjura ; c'est enfin que les plus puissants chérifs n'ont jamais pu asservir, sur aucun point, aucune de ses populations, ce qui leur eût été certainement facile si la population n'y eût pas été plus dense que dans la région de Médromah. Avec une population de plus du double supérieure, le Haut-Sébaou avait été obligé, en effet, de composer avec le Maghzen d'Alger, moins puissant pourtant que celui de Fez.

Je le supposerai néanmoins inférieur au Riff, et ne lui attribuerai que la densité des régions purement berbères de l'Algérie qui sont les moins peuplées : celle d'Azaffoun, par exemple, paraît répondre à ces indications ; mais sa densité est de 71 habitants par kilomètre carré, c'est-à-dire supérieure à celle que, toutes réductions faites, nous avons attribué au Riff. Estimons donc plus bas et descendons jusqu'à 60 afin de rester au-dessous de la vérité. Nous obtenons alors un chiffre de 4.200.000 habitants pour les 70.000 kilomètres carrés du Deren. C'est avec le même quotient, et malgré l'abondance de ses villages et de ses petites villes, que nous multiplierons les 14.000 kilomètres carrés du Souss, région riche et presque exclusivement berbère. Nous obtenons ainsi 840.000 habitants.

La région moulouyenne que nous avons retenue comme faisant partie du Tell est de 48.000 kilomètres carrés. Cette superficie est occupée, au Nord, par le massif berbère des Beni-Snassen ou Znateu, grosse confédération kabyle. Le Sud en est parcouru par les Mehaïa et les Augad, et le centre contient Ouchda, dont la population a été évaluée par M. du Mazet à

8.000 âmes. Malgré la présence du contingent kabyle, nous évaluerons à un chiffre notablement inférieur à celui que comporterait la densité de la région de Médromah, et multipliant par 30 seulement le nombre de kilomètres, nous reconnaîtrons là 144.000 habitants.

Il ne nous reste plus dans le Tell que les trois vallées chéritiennes, qui font ensemble, on s'en souvient, 96.500 kilomètres carrés.

Ici les éléments d'appréciation sont complexes. Un tiers seulement de cette région est berbère : c'est celui des premières assises du Deren, inférieures à 1.000 mètres. Mais le reste, la vraie plaine, n'est arabe que pour moitié. Elle est pour l'autre moitié peuplée de Maures, c'est-à-dire des descendants des musulmans chassés d'Espagne. Or, on sait que le nombre des vrais Arabes était très restreint en Espagne; que l'élément berbère y dominait, et que par le mélange avec les populations autochtones d'Espagne, la majorité des islamistes s'y étaient sensiblement européanisés.

Les descendants présentent aujourd'hui des caractères qui les différencient nettement des Arabes. Ils sont foncièrement sédentaires et entretiennent volontiers des jardins. Aussi occupent-ils mieux et plus utilement le sol, et la population qu'ils forment est-elle de masse plus compacte. Ils aiment même à se grouper dans les cités et ce sont eux qui constituent le fond de la population de Fez, de Méquinez, de Saffrou, d'Ouezzou, etc. D'ailleurs, le pays qu'ils occupent est particulièrement fertile, formé d'une grasse terre d'alluvion, arrosé par de véritables rivières. L'industrie de Fez a toujours été renommée dans le monde musulman. A notre arrivée en Algérie, nous fûmes bien loin de trouver des agglomérations comparables à celles de Fez, à qui les voyageurs attribuent 70,000 habitants, ou même à Marrakech qui, au témoignage de Lambert, en compte 50.000. Méquinez, à qui Leuz attribue 25.000 âmes, est plus grande que ne l'étaient, en 1830, Al-Djezaïr, Csantina, Ouaran ou Telimsan. Or, il n'est pas douteux que ce développement de la vie urbaine dénote une certaine puissance industrielle et suppose dans la région voisine une densité suffisante pour achalander cette industrie. Il faut donc chercher ailleurs qu'en Algérie des éléments de comparaison. Il semble qu'on les trouverait dans la région qui avoisine Tunis, c'est-à-dire la vallée de la Medjerda et le Nord tunisien audessus d'une ligne partant de Ras-Kapoudia et allant à Tebessa. Là, en effet, intervient l'élément berbère, les anciennes races européennes islamisées et l'élément arabe. Or, la population y serait, d'après les renseignements qui m'ont été donnés, d'environ 38 habitants indigènes par kilomètre carré. Nous tiendrons néanmoins ce chiffre pour trop fort, malgré que les vallées et plaines marocaines soient généralement plus fertiles que la Tunisie et arrosées par des pluies plus abondantes. Supposons donc 30 habitants au kilomètre carré, ce qui fut en Algérie la densité des régions arabes les plus peuplées. A ce compte, nous recensons pour les vallées du Chérif 2.895.000 habitants.

On sait que nous avons attribué dans le Nord à la région des vallées et plaines et au Sud au Sahara, la zone qui forme la première assise du Deren, celle dont l'altitude ne dépasse pas 1.000 mètres, et que nous avons réduit de 90.000 kilomètres carrés à 70.000 la superficie de chacun des deux versants. Nous avons ainsi attribué à la région supposée inhabitable, par suite de trop haute altitude, 20.000 kilomètres carrés par versant. Nous avons ensuite calculé la population du versant Nord. Il nous reste à supputer celle du versant Sud.

Assurément, celle-ci doit être notablement moindre, car, d'une part, les populations sahariennes ayant été de tout temps bien moins nombreuses que celles du Tell, la grande invasion arabe dut occasionner vers les hautes vallées du Sud un moindre refoulement que vers celle du Nord. En outre, les sources sont bien moins abondantes sur ce versant que sur l'autre.

Les hautes vallées du Sud de l'Aurès algérien présentent avec le pays qui nous occupe des analogies assez frappantes pour que nous puissions conclure de l'un à l'autre. Or, la densité dans cette région est d'environ 40 habitants par kilomètre carré. Eh bien, toujours par crainte d'exagération, réduisons de moitié, à 20 habitants par kilomètre carré; les 70.000 kilomètres carrés du versant Sud du Deren nous accusent une population de 1.400.000 habitants.

Enfin, il nous faut rappeler le chiffre de 255.000 attribué au Sahara occupable.

La récapitulation nous donne :

Riff...........................	1.720.000 h.
Deren	4.200.000 h.
Les vallées du Chériff.............	2.895.000 h.
Le Sous........................	840.000 h.
Le Tell moulouyen	144.000 h.
Le versant Sud du Haut Deren.....	1.400.000 h.
Sahara (Désert central non compris)	255.000 h.
Ensemble...	11.459.000 h.

Nous restons bien au-dessous des 30.000.000 de M. Mouliéras, il est vrai. Mais nous nous sommes efforcé de rester au-dessous de la vérité, telle que la révélaient les analogies avec l'Algérie et la loi de population des montagnes. Voilà donc le chiffre *minimum* d'ennemis que nous aurions à craindre en cas d'action militaire. Voilà le chiffre de clients que nous pouvons espérer pour notre commerce, si nous savons pénétrer pacifiquement ce pays.

Disons, pour clore ce chapitre, que ces 11.000.000 et quelques centaines de mille se distribuent très inégalement entre les diverses races. Les Arabes occupent, mêlés aux Maures, les vallées inférieures du Sbou et de l'Oum er Rebia. Ils sont déjà rares dans celle du Tensift; ont quelques tribus au Nord de Taroudant, dans le Souss, enfin sont représentés en Sahara par quelques grandes hordes. Ils ne dépassent vraisemblablement pas un million ou un million et demi. Les Maures, placés plutôt dans les villes, sont environ un demi-million. Les Berbères, plus ou moins arabisés, forment ainsi les cinq sixièmes de la population. La question marocaine indigène est donc presque toute entière une question berbère, et si jamais nous devons dominer ce pays, puisse la France n'y pas commettre la faute qu'elle a commise chez les Beni-Abbès de la petite Kabylie, par exemple, de les koraniser d'autorité.

B. Mœurs. — Au point de vue particulier qui inspire ce livre et qui est l'étude de la résistance que nous offrirait une conquête par les armes, avons-nous intérêt à distinguer entre les diverses races? Le fanatisme religieux, qui est le sentiment profond, essentiel, absolu de l'Arabe et du Maure, s'atténue à mesure qu'on a à faire à des Berbères moins arabisés, et disparaît même tout-à-fait, pour laisser place à une sorte de positivisme instinctif chez les Berbères purs. Cette observation, plusieurs voyageurs l'ont faite au Maroc, comme j'ai pu la faire moi-même quand j'ai été en contact prolongé avec les Kabyles du haut Djurjura.

La constitution politique des Tiffas marocains, à l'étude de laquelle j'ai pu me livrer, grâce à des informateurs particuliers, m'a révélé le même fait. La religion n'est chez eux que de surface. Toute leur conception de la morale et du droit est basée sur l'utilité générale et particulière. Mais il faudrait se garder de conclure de ce fait à une moindre résistance de leur part à l'invasion étrangère. Le sentiment religieux n'est pas le seul qui rende les groupes sociaux compacts et impénétrables. L'Arabe a une religion; le Kabyle a des coutumes auxquelles il ne tient pas moins. En outre, il a plus que l'Arabe, plus ou moins nomade et point arboriculteur, l'amour de son pays. Tous ces sentiments ont été exaspérés en lui par la lutte près de dix fois séculaire que, pour défendre son indépendance, il soutient contre le Sultan. Il faut donc considérer que le Berbère écoutera contre nous le fanatisme de son indépendance comme l'Arabe celui de sa religion. La résistance sera donc partout aussi énergique que possible.

C. Dualisme Politique. — La géographie politique du pays nous fournit une dernière constatation que nous ne devons pas omettre : c'est que le pays Maghzen est politiquement, et quoique sous l'autorité d'un Sultan unique, divisé en deux régions rivales et presque ennemies : telles en Europe, l'Autriche et la Hongrie. C'est au Nord, le royaume de Fez; au Sud, le royaume de Marrakech ou Maroc. S'il n'y a plus deux rois, comme la chose fut parfois, il y a du moins encore deux capitales. Et comment pourrait-il en être autrement, dans une contrée où les régions sont autant isolées les unes des autres par les Alpes marocaines que ne le furent entr'elles à l'époque où on ne savait pas percer les montagnes, l'Italie, la Suisse, l'Allemagne, l'Autriche, par les Alpes européennes? Il y a lieu de signaler à l'attention ce dualisme, car il faudra en tenir compte dans les conclusions que comportera cette étude.

CHAPITRE III

Géographie économique

Sous quelque aspect qu'on l'examine, le pays marocain présente un caractère singulièrement dualiste. Etudie-t-on son relief, on est frappé de l'antithèse formidable des Alpes et de la plaine. Son ethnologie..., voici l'Arabe et voilà le Berbère. Son état politique..., ici c'est le pays du Sultan et là le pays indépendant. C'est encore le royaume de Fez et celui de Maroc.

Au point de vue économique, ou plus exactement, au point de vue de ses productions, le Maroc se divise en région européenne et région africaine. En effet, tout le Tell marocain est particulièrement propre aux cultures de blé, d'orge, de vignes, d'oliviers, de figuiers et de légumes. L'élève du bœuf y est bien plus facile qu'en Algérie, et les beaux bœufs qui viennent ou du moins qui venaient naguère, sur le marché de Marmia, prouvent que les fourrages y sont abondants. On peut, en outre, croire qu'on pourrait étendre dans le Tell marocain, avec très grand succès, la culture du tabac qui y est déjà assez pratiquée.

Dans la région moulouyenne du Dahra, l'alfa abonde. Dans le Sahara, ce sont les riches oasis à dattiers du Tafilalet, de l'Oued Drâa, de l'Oued-Dadès qui, déjà considérables, pourraient être certainement augmentées. Enfin, dans le Souss, que protègent en partie contre les vents du Sud, les hauts contreforts du Deren, et, contre les vents froids du Nord, la branche supérieure de la fourche, et qu'arrosent d'innombrables ruisseaux, les productions revêtent un caractère africain intensif. La terre, toute d'alluvion, y est particulièrement féconde; et si les anciennes plantations de canne à sucre ont disparu, le pays reste riche en dattiers, en figuiers, en oliviers, et en arganiers, arbre dont le fruit produit une huile très appréciée des indigènes. Le coton y pousse à l'état sauvage, et les indications climatologiques laissent prévoir qu'on y pourrait cultiver le café. Tous les genres d'aurantiées y sont abondants : oranges, citrons, etc. Plusieurs arbres fruitiers des tropiques, et en particulier le bananier, y végèteraient vigoureusement.

Sans doute, en théorie économique absolue, toute production utilisable doit, quelle qu'elle soit, et où qu'elle soit, être tenue pour bonne en soi. Mais pouvons-nous oublier que l'Europe, et en particulier notre pays si agricole de France, subit depuis un demi-siècle une crise qui durera bien encore autant. L'extrême développement des moyens de transport a dans un temps très court provoqué la mise en exploitation de régions nouvelles et immenses, et, attisant la production dans le monde entier, surexcité la concurrence au point de la rendre douloureuse et parfois homicide. Avons-nous intérêt en pareille circonstance à ouvrir à la production intensive un pays dont les produits viendront concurrencer nos blés, nos tabacs, nos vins et nos bestiaux? Personne n'ignore qu'une des causes profondes qui, en certaines circonstances, a menacé d'aliéner à la France le cœur des Algériens, c'est précisément cet état de concurrence économique entre la métropole et la colonie, cette rivalité qui a trop souvent inspiré aux producteurs de la métropole le désir de tarifs prohibitifs. Or, c'est ce qui arriverait certainement pour le Tell marocain.

Au contraire, notre alfa des hauts plateaux, nos dattes, nos oranges, nos figues sèches, voire la laine grossière de nos moutons sahariens, n'ont jamais préjudicié à aucun intérêt métropolitain. La France, tributaire encore de l'étranger pour ces divers articles, ne pourrait que s'applaudir de voir accroître en nombre, sur ses marchés, les produits sahariens et tropicaux de ses colonies.

La deuxième observation à formuler a trait à la valeur présumable du marché marocain au point de vue commercial.

S'il est à craindre que les productions du sol tellien marocain puissent concurrencer nos propres produits, il n'est, par contre, pas espérable que nous puissions lui en envoyer des nôtres. Le Maroc aura de quoi se suffire et au-delà en blé, orge, huile, moutons et laine, viande de bœuf et cuir, et il n'aura que faire du cidre ou du houblon. Quant aux produits manufacturés français, aux produits de l'industrie française, pas n'est besoin d'une conquête militaire qui, accroissant fatalement et lourdement les impôts et par cela même les prix de revient, occasionnerait à notre industrie une infériorité certaine en retour des hypothétiques avantages, lointains en tous cas, que l'occupation pourrait procurer.

En effet, si l'on suppose, ce qui est notre hypothèse pacifiquement réalisable, la France installée jusqu'à la passe du Djebel-Deddouk et y ayant conduit une voie ferrée, la ville qui se fonderait en ce point serait, à vol d'oiseau, à 120 kilomètres de Fez et à 179 de Méquinès. Or, ces cités ne peuvent avoir de communications effectives avec l'Europe que par les ports de Tanger, Rabat et Casablanca, ou par l'Ouest, c'est-à-dire l'Algérie.

De Fez à gare terminus à créer..........	120 kil.
— à Rabat..........................	179 kil.
— à Tanger.........................	194 kil.
— à Casablanca.....................	240 kil.
De Méquinez à gare terminus...........	179 kil.
— à Rabat..................	120 kil.

De Méquinez à Tanger .... 198 kil.
— à Casablanca .... 190 kil.

Observons maintenant que ces distances, calculées au compas, ne correspondent pas exactement à la réalité. Le vol d'oiseau, la ligne strictement directe, n'est très sensiblement la réalité que sur les itinéraires Méquinez-Fez et Fez à gare à créer au pied du Djebel-Deddouk, et aussi sur l'itinéraire Méquinez-Casablanca. En effet, la route qui va de Fez à Tanger par Ouazzan et Ksar el Kebir est plusieurs fois coudée, tantôt pour la commodité des passages, des rivières, tantôt pour toucher à ces deux villes. Quant à la route de Méquinez à Rabat, elle est déviée par la nécessité d'éviter des marécages, et les pluies de l'hiver la rendent extrêmement difficile pendant un tiers de son parcours. En outre, soit sur Tanger, soit sur Rabat, les routes partant de Méquinez et de Fez rencontrent de nombreuses rivières, toujours traversées à gué, et qui en raison de ce que leur cours se développe dans la plaine basse sont souvent très larges et toujours vaseuses. Il n'y a au Maroc qu'une seule route bien entretenue et pourvue de ponts, c'est celle qui relie Méquinez à Fez. D'autres routes sont relativement faciles, ce sont celles qui longent une vallée à pente ni trop rapide, ni tellement faible, que les eaux y stagnent, surtout si cette vallée ne reçoit que des affluents d'importance médiocre. Or, c'est là le signalement de l'itinéraire qui partant de Fez remonte l'Oued-Inmaouen jusqu'à Taza et de là gagnerait la gare terminus à créer au Dj. Deddouk.

Mais il est un autre côté fort important de la question : c'est la valeur même des ports de Tanger, de Rabat et de Casablanca.

Celui-ci qui, au cours des dernières années, a pris un grand développement, a contre lui son insalubrité. D'autre part, il n'a pas de rade qui l'abrite et est de dimensions très restreintes. Néanmoins, tel qu'il est, il a tout-à-fait supplanté celui de Rabat, dont l'accès est fermé par une barre de sable fort dangereuse. C'est à tel point que les produits de la région de Rabat s'embarquent à Casablanca. Il faut donc écarter Rabat, et n'en pas plus tenir compte que de Larache, que ferme une barre et que ne peuvent visiter que les navires jaugeant moins de 200 tonnes, non plus qu'Arzilla, Azemmour ou Mehdya, encore moins praticables. Donc, en réalité, une place française, installée à l'extrémité d'une ligne ferrée et située à 20 ou 30 kilomètres de Taza, sur la limite extrême du pays que nous pourrions occuper sans danger, et presque sans coup férir, appelés, souhaités par les populations, comme nous le montrerons plus loin, cet *emporium,* dis-je, n'aurait à redouter, comme places commerciales concurrentes, que Tanger pour le commerce avec Fez, et Casablanca pour le commerce avec Méquinez. Or, un avantage notable resterait cependant acquis à notre nouvelle cité. En effet, de celle-ci à Fez, il y aurait, à vol d'oiseau, 120 kilomètres, ce qui, en raison de la rectitude de l'itinéraire dès maintenant pratiqué et du peu d'obstacles qu'il présente, revient au plus à une distance réelle de 130 kilomètres. Au contraire, de Fez à Tanger, il y a à vol d'oiseau 194 kilomètres, ce qui, à raison des circuits et des obstacles, ne peut être évalué à moins de 220. La différence de 90 kilomètres en faveur de notre marché s'accroît d'ailleurs de ce fait que la route sur Tanger coupe d'importantes rivières et que, d'autre part, par le seul fait qu'étant plus longue, elle exige quatre jours de plus, elle accroît non seulement les dépenses du transport, mais encore les risques de pertes ou d'avaries. Ces divers inconvénients, ajoutés à un trajet maritime qui, soit de Londres, soit de New-York, soit d'Anvers pour Tanger, sera notablement plus long que de Marseille à Oran, Rachgoum ou la Moulouya, aggraveront les frais de transport par Tanger bien plus que 150 ou 160 kilomètres à faire en chemin de fer, depuis le port de débarquement jusqu'à la frontière.

Un raisonnement identique nous permet d'arriver à la même conclusion en ce qui touche l'itinéraire Méquinez à Casablanca par les simples pistes, comparé avec l'itinéraire, d'ailleurs plus court, qui se poursuit d'abord par la meilleure route du Maroc jusqu'à Fez, puis par l'Oued Innaouen, jusqu'à notre marché. Il ne faut pas oublier, en effet, que le port de Casablanca, abri médiocre et ville insalubre, aura toujours un prix de frèt très supérieur à celui d'un port placé aux approches du détroit sur la Méditerranée.

Nous serons donc, le jour où un marché

français sera établi, sans guerre ni dépenses, au pied du Dj. Deddouk, les maîtres commerciaux de Fez et de Méquinez, et, par eux, des deux tiers au moins de la grande vallée du Sbou et en même temps du Deren. Quant au tiers restant, celui desservi par le port de Tanger, nous arriverons en concurrence avec les grandes nations industrielles; mais nous garderons l'avantage de la moindre distance qui sépare Marseille de Tanger.

Donc, ceux que préoccupe très légitimement le développement du commerce national n'ont pas à considérer l'occupation militaire de ce pays comme une condition nécessaire de sa possession commerciale. Les chapitres suivants démontreront au contraire qu'une guerre dans l'intérieur du Maroc aurait les pires conséquences pour nos finances et notre paix intérieure, et, par suite, serait aussi pernicieuse à notre commerce et à notre industrie qu'à tous les autres grands intérêts de la Patrie.

Disons encore, pour clore ce chapitre, que formées de terres d'alluvion et arrosées par des pluies plus nombreuses qu'en Algérie, les vallées marocaines offrent à un degré éminent les caractères d'un pays paludéen. Cela est surtout vrai de la vallée du Sbou dont les marécages occupent la partie inférieure. Ce ne serait donc pas sans que beaucoup succombent que nous pourrions installer au Maroc soit nos soldats soit nos colons. Des colons! Mais vraiment trouveraient-ils une place pour eux dans ce Maroc déjà trois ou quatre fois plus peuplé que l'Algérie; et d'ailleurs est-il sûr que nous aurions des colons pour les envoyer au Maroc, alors que nous en avons eu si peu à envoyer en Algérie, colonie vieille déjà pourtant de trois quarts de siècle, et qu'ils nous y ont coûté si cher.

Qu'on ne se leurre donc pas en un tel sujet des grands mots d'extension commerciale, d'empire colonial, de colonisation. Toutes les entreprises coloniales ne sont ni nécessairement bonnes comme le croient quelques enthousiastes, ni nécessairement mauvaises comme le croient quelques sceptiques outranciers. Il en est de bonnes et il en est de mauvaises; mais l'occupation militaire du Maroc serait la plus détestable des affaires coloniales que nous pourrions engager. Son bilan se chiffrerait par un déficit formidable, eu égard non seulement aux milliards que nous coûterait notre conquête, mais surtout à tout le sang dont nous l'arroserions. L'occupation de la vallée moulouyenne avec voie ferrée jusqu'au Dj. Deddouk donnerait à l'intérêt commercial de notre pays toutes les satisfactions que, pour longtemps encore, celui-ci peut souhaiter.

Un mot maintenant sur le pays Moulouyen qu'un publiciste disait récemment n'être qu'un désert stérile :

Au voyageur qui vient de Fez s'offre, dès la Moulouïa franchie, la plaine caillouteuse et aride de Tafrata que, vers le Nord et jusqu'à la mer, prolonge le steppe appelé désert d'Angad. Ainsi se forme un ruban saharien de vingt à quarante kilomètres de largeur, sorte de tentacule que le Désert a jetée par dessus le Deren et qu'il prolonge au-delà de la mer, faisant sahariennes en Espagne la campagne de Carthagène, et en France la Crau. Mais la Crau n'est pas toute la Provence et Tafrata n'est pas tout le pays de Moulouïa. Dans sa généralité, celui-ci est tout-à-fait comparable à l'Ouest oranais, avec ses marnes helvétiennes si propices aux céréales et sa région de Debdou qui vaut celle de Tlemcem.

CHAPITRE IV

La Question politique

C'est par un récit qu'il me faut ouvrir ce chapitre, récit parfois dramatique, hélas! pièce historique faite de deux intrigues dont l'une se développe dans notre Extrême-Sud oranais, l'autre à Fez, mais qui plus tard s'emmêlent, s'influencent et tendent, sous la menée secrète d'on ne sait quel mystérieux personnage, à un dénouement commun et sanglant.

Après ce préambule, le lecteur comprendra pourquoi je l'invite à se reporter à l'année 1898 et à quitter un instant le Maroc pour le Sud extrême de l'Algérie, que depuis 1864 terrorisaient les pillards nomades dont le Touat était le refuge inviolé.

« Pour ruiner définitivement l'agitation nomade[1], M. Laferrière résolut de s'emparer du Touat... Dans la mesure où il put contenir les hommes et les choses, M. Laferrière visa à un double but : conquérir sans effusion de sang, ni destruction d'un seul palmier ; et ensuite, distinguant, comme il convenait, entre la question du Touat, et la question marocaine, éviter tout ce qui pourrait à propos de celle-là réveiller celle-ci.

« J'ai comparé le Touat à un raisin suspendu à la treille algérienne. Le point où le long pédoncule, d'où la grappe pendait, s'insérait à la treille, se trouvait placé entre notre poste le plus avancé, Djenien bou Resq et l'oasis marocaine de Figuig, dans cette région

(1) Extrait de *La Paix par le Droit* de décembre 1902 et janvier 1903, qui a reproduit une conférence faite par l'auteur au Congrès de la Paix, à Toulouse, en septembre 1902.

inoccupée que nous avions revendiquée, mais sur laquelle, à aucune époque, nous n'avions fait acte d'occupation. M. Laferrière termina la conquête le plus pacifiquement du monde : ce point se nommait Kheneg Zoubia. Là, un clair ruisselet, merveille au désert, menait une eau presque constante, tête de l'Oued Zouzfana. M. Laferrière baptisa ce lieu : *Duveyrier* et personne ne douta plus qu'une localité portant un nom aussi français ne fut vraiment française. Duveyrier était placé à 27 kilomètres de Figuig. C'était la bonne distance, celle qu'il convient d'établir entre les postes militaires français et les centres du Maroc, celle à peu près qui existe entre Lalla Mania et Ouchda, et que l'expérience a prouvé sagement ordonnée, également suffisante et pour maintenir chez nos voisins la prudence qu'inspire le voisinage du châtiment, et pour amortir les contacts d'où naissent les conflits.

« Je passe sous silence, comme d'étude rétrospective, ce qui suivit la création de Duveyrier : Insalah conquis en un tour de main, d'ailleurs avec une épique bravoure, par un jeune capitaine, une centaine de soldats et quelques goumiers, petite troupe qu'avait menée jusque là, dans la plus modeste et la plus sage allure, un professeur de géologie ; le Maroc marquant tout juste, par l'envoi subreptice d'un représentant à Tamentit, la somme de protestation qui seyait à sa qualité de puissance musulmane; hélas! aussi, quelques inutiles et sanglantes attaques de Ksours, notamment celle d'Inrhar, que M. Laferrière n'avait prévues que pour les interdire. Je me bornerai de même à rendre un bref hommage au soin que prit également M. Jonnart à ne soulever en aucune circonstance les véritables susceptibilités du Maroc, en ne tolérant rien qui put marquer l'orientation vers l'Ouest, c'est-à-dire vers la sainte Kenatsa et le Tafilalet, cher au sultan de Fez, de notre politique et de notre expansion ; et je m'arrête à ce qu'était devenue la situation au mois d'octobre 1900.

« A ce moment, le Maroc avait pris son parti de la situation du Touat ; Bou Amama également. La voie ferrée était menée jusqu'à Duveyrier, avec prolongement prochain dans la direction d'Igueli, dans le double but de fortifier la sécurité, non sans diminuer les dépenses qu'entraînait le ravitaillement des postes, et de pourvoir le plus tôt possible à l'exploitation commerciale du Touat. Les comptes de l'ancienne ligne franco-algérienne, récemment passée aux mains de l'Etat, comptes qui se soldaient par un déficit annuel et constant de 800.000 francs, se relevaient au point que l'année 1900-1901 se liquida par 1.000.000 de bénéfices. Enfin, phénomène bien autrement caractéristique, un centre s'improvisant sur l'heure, sans autorisation de personne, sans préalable alignement, sur terre domaniale, non privativement allotie, — quelque chose comme un enfant sans état-civil, — le centre de Duveyrier, avec ses trente-deux maisons, — oh! de tourbe ou de bois, — érigées en trois mois; centre peuplé de Français, d'Espagnols, d'israélites, des magasins de qui incessamment allaient à Figuig ou en revenaient les longues caravanes de chameaux chargés. Voilà ce qu'avait fait un an de paix et de *bon voisinage.* »

Cette politique de M. Laferrière, celle qui avait donné ces résultats de paix, M. Etienne l'a très heureusement définie d'un mot : il l'a appelée la *politique d'entente avec les tribus.* Et M. Etienne ajoute en opposant cette politique avec une autre qu'il appelle : celle de *l'entente avec le Sultan* : « Quelle est de ces deux lignes de conduite, la meilleure à suivre ? C'est une question qui pourrait paraître malaisée à trancher, si l'expérience ne l'avait déjà résolue en démontrant par les faits, les avantages particuliers et les conséquences locales de l'une et de l'autre entente ».

J'en demande pardon à mon vieil ami, M. Etienne; si j'accepte pleinement, sur l'une et l'autre politique, le jugement qu'en ont porté les faits, ce n'est pas à dire qu'il fut nécessaire d'attendre les faits pour juger entre les deux politiques. Tomber préalablement d'accord avec les tribus, c'était s'entendre avec les intéressés, avec les occupants et les seuls *propriétaires* du territoire sur lequel nous nous installions. S'entendre avec le Sultan, c'était s'entendre avec un mythe, dont personne dans la région n'avait jamais reconnu et ne reconnaissait encore le pouvoir politique et les droits, et à qui *nous-mêmes nous avions*, notamment durant les trente dernières années, depuis l'expédition de Wimpfen en 1870 jusqu'à nos jours, *contesté absolument tout pouvoir sur le pays des Douï-Menia*. Ainsi, nous allions demander à ce fantoche ce que nous savions, ce que nous avions proclamé *urbi et orbi* ne pas lui appartenir! Mais cette inconséquence avait une contre-partie : substituer à la politique d'entente avec les tribus, une autre politique, c'était *abandonner* la politique de l'entente avec ces tribus, c'était agir chez elles sans accord avec elles, c'était les forcer, les violenter, les contraindre; c'était marcher sur elles le pistolet du Sultan à la main. Que pouvait-il sortir d'une telle politique, si ce n'est la guerre?... La guerre en sortit en effet.

Lorsque M. Laferrière quitta le pouvoir, précisons-le encore, notre gare extrême sur l'Ouest était Duveyrier; et comme on avait fait croire au gouverneur que M. de Gallifet, alors ministre de la guerre, tenait essentiellement, pour raison de stratégie, à ce que le poste de Djenien ed Dar fut occupé, M. Laferrière, non sans répugnance, s'était résigné à cette occupation déjà trop occidentale et trop voisine de Figuig. On négocia donc avec Bou Amama, avec les propriétaires, on indemnisa, et notre installation laissa tout le monde d'accord. C'est donc une erreur que commet M. Etienne lorsque parlant de la politique d'entente avec les tribus il écrit : « Elle nous permit de pousser notre chemin de fer jusqu'à Beni-Ounif. » L'occupation de Beni-Ounif, occupation qui s'obtint *par force, par contrainte*, fut, au contraire, le premier acte de cette politique qui, aux yeux de l'opinion publique si facile à égarer en de tels sujets, se couvrait comme d'un masque de l'adhésion du Sultan.

« La politique d'entente avec les tribus,

écrit encore M. Etienne, a été exclusivement suivie jusqu'à la fin du gouvernement de M. Laferrière; et la politique d'entente avec le Sultan a été mise en pratique exclusivement aussi par le gouvernement de M. Revoil. » Cela est absolument vrai. On peut ajouter toutefois que M. Jonnart avait gardé la tradition de M. Laferrière, et que M. Revoil est donc seul responsable de l'orientation nouvelle.

Or, au mois d'août 1901, quand M. Revoil débarqua en Algérie, le Sud était en paix; nos postes militaires de l'Oued-Zoufana s'étaient installés sans encombre et le général Bertrand avait reçu sans tirer un coup de fusil la soumission, oasis par oasis, de tout le Touat. Le centre de Duveyrier était créé et chaque jour en partaient ou y revenaient en caravanes les chameaux figuiguiens chargés ou de marchandises françaises ou de denrées pour nos marchands. Cet état se continue jusqu'en novembre 1901, époque, croyons-nous, à laquelle le nouveau gouverneur se rend dans le Sud-Oranais. Mais déjà on avait revêtu le masque de la politique sultanesque. On s'était assuré le concours apparent du Sultan.

Par quels procédés, par quels sophismes avait-on pu, de Paris, obtenir l'adhésion du gouvernement à une politique aussi manifestement incohérente? Voilà un point qu'il faut mettre en relief à la décharge de notre Conseil des Ministres. Ce qu'il voulait, le nouveau gouverneur, était, à l'en croire, la constitution d'une zone mixte où le Gouvernement et le Sultan, d'accord, feraient la police et assureraient la sécurité.

Ce fut en Algérie un vaste éclat de rire quand on apprit que cet argument avait déterminé le Conseil des Ministres. Eh quoi! On avait donc pu croire que le Sultan marocain, qui n'avait jamais pu asseoir sur ces tribus sa propre autorité et qui avait dû renoncer à se risquer pour son compte, se risquerait *sincèrement* dans une collaboration avec un gouvernement infidèle et ce, dans un intérêt purement français! On n'y vit qu'une preuve nouvelle de l'ignorance en laquelle sont tenues en France les choses d'ailleurs si complexes de l'Afrique indigène.

Sur quoi, le gouverneur, M. Revoil, se rendit dans le Sud et décida deux mesures également graves, non seulement l'arrêt de toute ligne ferrée de pénétration dans le Touat, mais encore l'établissement d'une ligne allant par Ben-Zirek sur Kenatsa et dans la direction du Tafilalet et l'occupation d'un des ksours de Figuig, Beni-Ounif.

Dès lors, sans transition, et malgré l'apparente entente avec le Sultan que celui-ci démentait sans nul doute par derrière auprès de ses amis de Kenatsa et de Tafilalet, à l'état de paix dans le Sud-Oranais succède l'état de guerre. Deux officiers qui chassaient entre Duveyrier et Figuig sont assassinés. Une harka s'attaque à un convoi sur la route même de Duveyrier à Djenien-bou-Resq; deux charretiers français et deux femmes sont tués et mutilés. Toute l'année 1902 se passe à enregistrer des razzias et des pillages de convoi. Durant ce temps, il est vrai, la chronique s'égayait au récit des 150 hommes que le Sultan y avait envoyés, obligés, pour se rendre de Fez à Figuig, de passer par Tlemcen et de se placer sous la protection de nos colonnes. Quelle assistance que celle que nous prêtait un Sultan incapable de faire traverser par son armée son prétendu empire.

Cependant, des événements d'une exceptionnelle gravité éclataient au Maroc et allaient mettre en singulière attitude notre politique sultanophile. Outrés de sa légèreté, plus encore que de ses vices, le sachant devenu un instrument docile entre les mains des pires conseillers, indignés de son amour des nouveautés européennes, les ulémas de Fez venaient de jeter sur le Sultan une sorte d'interdit et avaient suscité un prétendant. Se faisant passer pour Moulay-Mohammed, frère du Sultan, que celui-ci avait fait disparaître en montant sur le trône, ce personnage mystérieux groupa autour de lui de nombreux mécontents et d'ardents fanatiques et devint bientôt redoutable. A l'heure où j'écris, la situation du Sultan est extrêmement compromise dans l'Ouest marocain ; à Fez même, la révolte couve et va éclater incessamment. On peut dire que pour lui le royaume de Fez est aux deux tiers perdu. Le royaume du Maroc est lui-même ébranlé, car les dernières nouvelles annoncent que dans la région de Mazagran les tribus s'insurgent.

Or, qu'avons-nous fait, nous, les Français,

en face de ces événements? Sous l'empire de cette même politique, qui nous faisait solliciter la collaboration du Sultan, dans le Sud de l'Algérie, nous nous faisions ses alliés contre ses sujets révoltés. Nous envoyâmes en hâte à Abd-el-Azis de l'argent, des munitions, des fusils Lebel, des canons, des mitrailleuses; nous encadrâmes ses troupes de sous-officiers, pris chez nos tirailleurs indigènes. Et voici déjà que l'argent a été gaspillé, plusieurs de nos sous-officiers ont été tués ou faits prisonniers, et il y a chance pour que les autres le soient tôt ou tard; les Lebel, les canons, les mitrailleuses sont tombés au pouvoir de l'ennemi. Ainsi la politique d'entente avec le Sultan qui, dans le Sud-Oranais, n'avait réussi qu'à substituer l'anarchie à l'ordre et le régime des razzias à celui du commerce et de la paix, n'a réussi dans le Maroc qu'à nous brouiller avec le Sultan de demain.

Et c'est dommage, car, au début, le prétendant avait très habilement pris position de façon à ménager la France : le thème favori de ses discours était que l'état du Maroc islamique était bien inférieur à celui de l'infidèle Algérie : « J'ai vu de mes yeux, disait-il, l'Algérie où les Français commandent. J'y ai vu la religion respectée, les hommes de piété honorés, la science religieuse enseignée dans les medersas, les mosquées bien entretenues. Et rentrant dans mon pays, dans le pays soumis à un Sultan qui descend du Prophète, j'y ai retrouvé les pires abus contre la religion : les mosquées tombent en ruines, les sciences religieuses sont oubliées, les écoles vides; et si, parfois, quelque musulman se distingue des autres par sa sainteté ou sa sagesse, un pouvoir ombrageux le jette en prison ou le fait mourir. »

Mais, comme il fallait pourtant, pour son

auditoire, jeter par quelque façon l'anathème à l'infidèle, comme le nom le plus odieux qui soit au Maroc est celui de l'ancien déserteur anglais, aujourd'hui caïd et colonel, Mac-Lean, personnage que l'opinion publique indigène accuse de tous les forfaits, le prétendant avait soin d'ajouter : « Si Dieu a permis que pour la confusion des mauvais croyants, un Etat infidèle nous donnât, à côté de nous, l'exemple de la modération et de la sagesse, ce n'est pas à dire que la sagesse soit le propre des infidèles ; car les lettres que je reçois des pays d'Islam soumis aux Anglais me montrent que là aussi le mal est à son comble et que l'oppression pèse sur nos frères. D'ailleurs, n'est-ce pas un Anglais, l'infâme Mac-Lean, qui est chez nous le meilleur artisan de la corruption et de l'iniquité ? »

Voilà le discours que pendant trois mois il allait prononçant partout et que nous rapportaient tous les échos indigènes. On sent tout le parti que nous eussions pu tirer, et que nous tirerions aujourd'hui d'une neutralité strictement observée. Ce fut l'avis unanime de tous les Algériens indépendants, de tous les organes de la presse algérienne, et en particulier de la presse oranaise, mieux placée pour bien juger. *L'Echo d'Oran*, notamment, fit en ce sens une inutile campagne. La plupart des officiers de l'armée d'Afrique marquaient leur répugnance pour une politique qui allait lier le renom de la France au sort d'un sultan que ses vices et son impéritie avaient légitimement discrédité. Celui même qui écrit ces lignes, avait, dès les premières nouvelles, dans *La Dépêche* de Toulouse et dans *La Paix par le Droit*, mis en garde contre les dangers d'une intervention de la France en une telle querelle. Mais, la camarilla qui réglait tout sous le gouvernement de M. Révoil, l'inventeur personnel d'ailleurs de la politique d'entente avec le Sultan, l'emporta et la France alla se compromettre au Maroc, aux côtés du caïd Mac-Lean.

Cependant survint une brusque nouvelle : la disgrâce de M. Révoil et son remplacement par M. Jonnart, choix excellent, tant en raison de la prudence que de la compétence du nouveau gouverneur. Peu après son installation, M. Jonnart voulut se rendre compte *de visu* de la situation que son prédécesseur lui laissait dans le Sud. On sait ce qui advint : l'oasis de Beni-Ounif, que l'année précédente nous avions enlevée, sans droit aucun, appartenait pour les deux tiers aux gens de Zenagua, et pour le reste, aux habitants de Beni-Ounif même. Ceux-ci s'étaient refugiés à Zenagua et l'on comprend les sentiments que, dans ce ksar surtout, on nourrissait contre nous. Ces sentiments se firent jour sous la forme d'une fusillade dirigée contre le gouverneur.

Cet événement n'était pas seulement le signal d'une véritable guerre dans la région désertique. Il eut encore pour résultat de mettre aux abois notre politique étrangère et de mettre en relief son désarroi. La politique d'entente avec le Sultan fit encore des siennes. Dans ce ksar, d'où on tirait contre nous, il y avait un pacha envoyé par notre bon ami le Sultan et 150 réguliers. Nous mîmes tout ce personnel miiltaire marocain à l'abri dans notre camp. Sur quoi nous nous demandâmes si l'on prendrait Figuig, solution que les circonstances imposaient. Mais Figuig, ne l'avions-nous pas reconnu à notre ami de Fez? Notre chemin de fer n'avait-il pas conduit ses soldats jusqu'à Duveyrier? n'est-ce pas sous la protestion de nos troupes qu'ils étaient arrivés jusqu'à Beni-Ounif?

Figuig était donc à notre ami. Lui prendre son bien était impossible. D'ailleurs, un tel événement eut fortement atteint le crédit du Sultan dans le monde musulman. Ce fut cette considération, bien plus que le traité de 1845, qui protégea Figuig. Nous dûmes dès lors nous borner à une mesure qui apparut à la fois comme un acte d'apparente inexorabilité, presque de cruauté, — apparente, dis-je, car il y eut en réalité beaucoup plus de bruit que de mal, — et encore plus comme un acte de faiblesse puisque nous n'osions prendre la ville.

Cependant, les événements que l'affaire de Figuig avait déchaînés et que le bruit vain du bombardement n'avait pu conjurer allaient se dérouler. Sept mille berbères, — en majorité, mais non tous, Berabers, — armés de fusils à tir rapide, attaquaient Taghit le 19 août dernier. L'héroïque défense du poste fit le plus grand honneur à la petite garnison. Mais ce fait révélait des dangers plus grands que les pessimistes ne les soupçonnaient : c'était d'abord l'excellence, désormais certifiée, de l'armement indigène. C'était ensuite que, un tel contingent d'ennemis, agissant à telle distance, n'avait pu être réuni dans un même zegdou, c'est-à-dire une seule confédération. Les tribus du Sud, en effet, sont groupées en confédérations diverses qui avaient toujours été ennemies les unes des autres, mais qui *venaient de se réconcilier contre nous.* Et c'est ce qui arrive toujours quand le roumi se présente. C'est un phénomène inéluctable. N'en faisons pas l'épreuve une fois de plus au Maroc. Il se peut que le Sultan l'emporte sur le prétendant, quoique le discrédit d'Abd-el-Aziz soit tel que la révolte ne tarderait vraisemblablement pas à éclater avec un autre. Mais si nous voulons créer contre lui l'unanimité de l'insurrection, nous n'avons qu'à intervenir en sa faveur de façon ostensible.

Mon intention n'est pas d'aborder ici la question du Sud-Oranais qui n'est pas en elle-même celle du Maroc. Je ne résiste pourtant pas à la résumer en quelques lignes pour n'y plus revenir : A partir de Duveyrier, le Sud-Oranais ne *vaut plus rien*. Ce n'est qu'à 280 kilomètres plus au Sud que commence une région sérieuse, le Touat ; et ce n'est qu'à 340 kilomètres à l'Ouest qu'une autre région sérieuse se présente, le Tafilalet. Mais entre ces deux pays, Touat et Tafilalet, existait une différence remarquable ; l'un offrait une route vers le Soudan et sa conquête pouvait se faire sans coup férir. L'autre ne menait nulle part et l'attaquer ou seulement le menacer était provoquer une guerre certaine. Il est très remarquable que le général Bertrand a pu enlever le Touat *sans tirer un coup de fusil*, et que depuis la conquête, *pas un coup de fusil n'y a été tiré*. Tous les faits violents qui se sont produits n'ont commencé que le jour où, abandonnant la ligne paisible du Sud, le Gouvernement algérien commit la folie d'aller à l'Ouest, et toutes les attaques ne sont venues que de ce côté. Apaisons donc tout cela le plus vite possible. Nous avons été les provocateurs en allant sur Beni-Ounif d'abord, sur Ben-Zireq ensuite. Abandonnons les projets fous sur le Tafilalet. Poussons par le plus court chemin possible notre voie ferrée vers Igueli et Beni-Abbès, afin d'assurer la sécurité dans cette zone de passage entre Duveyrier et le pacifique Touat. N'ayons pas la sottise de mesurer au kilomètre la grandeur de notre pays, et ne nous grisons pas de projets de conquête par pur chauvinisme. Ayons souci sans doute du commerce qui peut s'y faire, mais sachons en demander la prospérité à la paix.

Cependant, quelque différentes que fussent

question du Maroc et question du Sud-Oranais, l'opinion publique s'égara à la triste nouvelle de Moungar et beaucoup écrivirent de-ci de-là qu'il fallait en finir en conquérant le Maroc..... Comme s'il y avait quelque bon sens à prétendre que pour mettre soixante mille nomades à la raison il fallait s'emparer d'un pays voisin peuplé de dix millions d'habitants au moins. Il n'en est pas moins vrai que les incidents du Sud-Oranais faillirent nous faire verser dans l'aventure marocaine.

Un autre concours de circonstances la préparait d'autre part. Par suite d'une grave erreur politique, notre Ministère du quai d'Orsay poursuit la chimère de l'annexion diplomatique du Maroc entier à la France. Un instant le Ministère crut y avoir réussi et toute la presse annonça comme à peu près conclue une convention avec l'Angleterre par laquelle celle-ci nous laissait libre au Maroc d'agir à notre fantaisie. D'autre part, l'erreur de l'entente avec le Sultan nous menait fatalement à porter assistance à celui-ci; donc, à aller à Fez. Enfin, l'état d'anarchie qui régnait au Maroc pouvait nous faire craindre soit un grave incident de frontière, soit une agression contre les Européens de la côte atlantique. Assurément, le Ministre de la Guerre ne pouvait pas rester insouciant et il devait faire étudier les conditions dans lesquelles il pourrait, le cas échéant, prêter concours à son collègue du quai d'Orsay.

Quoique des espérances démesurées et déchaînées aient tenté de transformer en réalités imminentes des projets qui n'étaient, sans nul doute, dans l'esprit du Gouvernement qu'un sujet d'études, quelque dangereuses et énervantes pour l'opinion publique qu'aient été certaines impatiences de guerroyeurs, il faut nous féliciter de ce qui est advenu, car les hommes sages ont eu la sensation d'un danger auquel beaucoup ne croyaient plus, celui d'une aventure guerrière. Les documents connus de Jaurès et que j'ai connus, documents que, depuis, d'autres ont confirmés, ont été placés sous les yeux du Gouvernement et cela nous a suffi. Ni *La Dépêche*, de Toulouse, ni Jaurès, ni moi-même n'avons voulu faire autre chose que signaler et conjurer un péril imminent, et nous avons prouvé à qui de droit la réalité de ce péril. Or, en confiant à M. Jonnart la plénitude des pouvoirs militaires en Algérie, le Gouvernement a fait ce qu'il convenait de faire quant à présent. Le péril imminent est écarté, *mais il peut renaître demain, ce soir peut-être.*

En effet, l'anarchie au Maroc est telle que tout y est à prévoir. Or, des Européens sont échelonnés dans tous les petits ports de la côte de Tanger jusqu'à Mogador. D'un instant à l'autre on peut craindre des événements graves. Déjà les environs de Mazagran sont parcourus par les pillards. Or, qu'adviendra-t-il si ici ou là des Européens sont massacrés? Et le beau plan qui tendait à marcher sur Fez ne reparaîtra-t-il pas ? Sans nul doute, en sera-t-il ainsi, et la presse coloniale toute entière en exigera l'immédiate exécution. Or, agir ainsi serait une démence, serait une catastrophe, et c'est ce que nous allons prouver dans le chapitre suivant.

Que l'opinion publique ne s'endorme donc pas. Elle s'est déjà manifestée assez généralement contre une guerre marocaine, et le cri d'alarme que nous avons poussé n'aurait-il eu d'autre résultat que de démontrer déjà l'impopularité de cette guerre, que nous nous applaudirions de nos efforts. Mais il faut mieux faire : il nous faut démontrer que, quoi qu'il arrive, cette guerre *serait en elle-même un désastre encore pire*, tandis qu'au contraire, quelque graves que puissent devenir les circonstances, les dangers *pourront être conjurés par d'autres moyens.*

CHAPITRE V

La Question militaire

Lorsque, chassés d'Espagne, les Maures refluèrent sur le Maghreb, l'opération de leur établissement dans ce milieu nouveau ne se fit pas sans troubles. Les places, les terres qu'allaient exiger au nom du malheur et de la communauté religieuse les nouveaux arrivants n'étaient point vacantes, mais au contraire déjà occupées et travaillées par d'autres. D'ailleurs, ces cohues lamentables d'exilés affamés ne traînaient pas seulement derrière elles ces meurtrières épidémies que provoque toujours, surtout en climat chaud, les agglomérations de misérables. Elles apportaient encore d'autres germes, ceux des discordes sociales. Sur le terrain industriel, c'était la dépossession de tous les anciens artisans du Maghreb par les artisans andalous généralement plus habiles et possesseurs de procédés perfectionnés. Sur le terrain agricole, une concurrence qui rendait redoutable aux autochtones la science que les nouveaux venus possédaient en matière d'irrigation. Au point de vue commercial c'était le marché de l'Espagne islamique subitement anéanti pour les producteurs et les commerçants du Maghreb. C'était enfin, dans l'ordre politique, la création d'un parti nouveau, avec sa dynastie déchue et tout un état-major de grands chefs non moins détrônés que leur prince. C'était des tendances nouvelles, des formules nouvelles de l'esprit religieux, des congrégations et confréries au tempérament insinuant et intrigant. Les luttes intestines éclatèrent terribles.

Les uns après les autres, tous les partis firent appel aux Berbères qui ne manquèrent pas de piller équitablement alliés et ennemis.

Cependant, les Espagnols, dans la joie de leur triomphe, sentaient en eux toutes les audaces et voulaient compléter leur victoire. Les Portugais s'enorgueillisaient de leur marine, et leurs ambitions n'étaient pas moindres. Ils s'abbatirent, les uns et les autres, sur les côtes de ce pays déchiré par les discussions intestines, et s'emparèrent par surprise de tous les ports.

C'est un caractère constant chez les Africains, qu'ils ne savent rien prévoir, et qu'ainsi ils ne peuvent conjurer aucun des fléaux qui les menacent. Habiles eux-mêmes à surprendre, ils sont encore plus incapables de se prémunir contre les surprises. Mais ils sont impétueux et tenaces aux revanches. Espagnols et Portugais en firent l'expérience, comme nous la ferions nous-mêmes, si notre mauvais sort nous menait à Fez les armes à la main.

Portugais et Espagnols s'étaient donc emparés de toute la côte. La presqu'île du Nord, au bout de laquelle est Tanger, était remplie de leurs garnisons. La discorde entre musulmans et la soudaineté des attaques avaient fait tomber le pays aux mains des infidèles. Mais à l'instant la guerre sainte est prêchée. Toutes les discussions s'apaisent. Berbères, Arabes, Maures, Andalous, combattent ensemble, rivalisant de fanatisme et de fureur. Dès 1515, les troupes marocaines reprennent Mehdya, après un siège acharné, et massacrent sa garnison portugaise, forte pourtant de 7.000 hommes. Les Espagnols, cent ans plus tard, s'emparent par surprise de la place; mais après soixante ans de luttes incessantes, en 1681, ils sont forcés dans leurs retranchements et s'enfuient sur des barques. Vingt ans avant, les 3,200 Espapagnols de la garnison de Laroche, avaient été passés au fil de l'épée ou réduits en esclavage par Mouley-Ismaël. Les Portugais, qui avaient pris Tanger en 1475, se sentant impuissants à garder leur conquête, l'avaient cédée aux Espagnols. Ceux-ci la vendirent à prix d'or aux Anglais qui déjà rêvaient d'une citadelle les rendant maîtres du Grand Détroit. Les Anglais firent aussitôt des travaux gigantesques, construisirent des jetées, relevèrent les fortifications; et cependant vint un jour où, épuisés par les attaques incessantes des Maures, sentant qu'ils pouvaient être d'un jour à l'autre jetés à la mer par un ennemi inlassable et toujours plus fort, en 1684, ils sillonnèrent de mines le sous-sol de la forteresse et la ligne des jetées, et, y mettant le feu, s'enfuirent rapidement sur leurs navires. L'explosion fit trembler les colonnes d'Hercule; la forteresse et les jetées s'effrondèrent dans le port.

Aujourd'hui encore les débris rendent une partie du port impraticable. Dès lors, les Roumis étaient chassés d'Afrique, comme les musulmans avaient été chassés d'Espagne. Seuls subsistèrent quatre minimes postes, en face de l'Espagne, les *presidios* de Melilla, Alhucemas, Pénon de Velez et Ceuta. Sachant qu'ils avaient plus à craindre du concours du Chérif de Fez, que du contact d'infidèles, que le sentiment de leur impuissance condamnait désormais à se cantonner dans le trafic commercial, les Riffains tolérèrent ces commerçants par l'entremise de qui ils se procuraient des armes.

Il allait incomber aux Français de rompre le charme qui interdisait la terre d'Afrique aux infidèles. Les événements et un calcul dynastique poussèrent nos armes sur Alger; et non sans efforts ni vicissitudes l'Algérie tomba toute entière entre nos mains, de façon définitive. Cette œuvre ne fut achevée qu'en 1871, par la répression de l'insurrection de toutes les régions kabyles. Mais en nous envoyant en Algérie, pays ouvert, sur lequel, par tous les ports situés sur 11.000 kilomètres de côtes, nous pouvions faire pénétrer soldats, munitions et ravitaillements, sur toute l'étendue duquel nous pouvions ainsi contraindre nos ennemis à se tenir épars, sans pouvoir se grouper jamais, en nous réservant un tel pays, le sort nous avait favorisés. D'ailleurs, c'est pour de nombreuses autres raisons qu'un groupement des indigènes contre nous était au début impossible : Arabes, Chaouïas, Kabyles, se partageaient assez exactement l'Algérie et s'exécraient depuis des siècles. Trois deylicats ou beylicats étaient institués sur la côte, tandis que dans les montagnes du Titteri, d'une part, et dans celle du Djurjura, de l'autre, vivaient des confédérations absolument indépendantes et impatientes de tout frein. Lorsque un génie surgit, Abd-el-Kader, qui tenta de réunir le faisceau des forces indigènes, nous tenions déjà tous les points maîtres, et nous avions eu le loisir d'établir partout des remparts derrière lesquels nos soldats étaient à l'abri, et des citadelles sur lesquelles étaient nos canons. Au surplus, ils n'étaient qu'au nombres de 3.000.000, sur toute l'étendue de l'Algérie actuelle, les ennemis que nous avions à combattre; et ils n'étaient armés que de leurs fusils à pierre, à tir si peu sûr et si lent, à portée si faible. Au Maroc, ils sont 12.000.000 ayant la pratique entr'eux des relations et des actions communes par suite de l'existence depuis toute époque d'un pouvoir central permanent, et ces 12.000.000 d'hommes sont tous armés, aujourd'hui, de Remington ou de Winchester.

La conquête de la Tunisie a été plus facile encore. Ici, les ennemis étaient seulement de douze à quinze cent mille. Ils habitaient en partie des villes ouvertes, que nous pouvions canonner, en quelque sorte, des frontières mêmes de l'Algérie. La faible Régence, attaquable par terre sur toute sa longueur, ne l'était pas moins par mer. Qu'on ajoute à cela un bey à l'avance soumis et une population efféminée, docile, couarde, habituée depuis des siècles et des siècles à la paix de la servitude. La question extérieure seule, et non la question militaire, se posait en Tunisie; or, cette question extérieure apparaissait sans danger, car Bismark lui-même nous montrait du doigt la proie tunisienne, comme certains Anglais nous montrent aujourd'hui le Maroc.

Reprenons maintenant l'ordre chronologique des faits militaires qui ont marqué parfois le contact des nations d'Europe avec l'empire marocain. Sans parler de démonstrations navales diverses : françaises, espagnoles, italiennes, faites sur Larache, Tanger, Magador, arrêtons-nous à l'année 1844, date de la bataille d'Isly ; et maintenant que nous savons ce qu'est ce pays de Maroc, posons-nous la question que beaucoup se sont posée : Pourquoi le vainqueur d'Isly n'a-t-il pas profité de sa victoire? Pourquoi surtout a-t-il laissé se signer le traité de Tanger, qui privait l'Algérie de sa frontière historique, la Moulouïa?

On a indiqué comme cause les hésitations, la pusillanimité de Louis-Philippe vis-à-vis de l'Angleterre. Il est certain, en effet, que pendant dix ans Louis-Philippe hésita à garder l'Algérie. Mais en 1840 ces hésitations avaient cessé, et l'envoi de Bugeaud comme gouverneur général de l'Algérie, la formation d'une armée de 100.000 hommes, le choix de lieutenants tels que Bedeau, Changarnier, Baraguay-d'Hilliers, Lamoricière et, plus que tout le reste, l'adoption ferme d'un plan d'occupation civile et de colonisation, prouvent nettement que le roi avait reçu les assurances de l'adhésion anglaise à notre installation définitive en Algérie, et que la politique hésitante et précaire qui depuis dix ans stérilisait les efforts de l'armée allait faire place à une politique consciente d'un but définitif. Armé de pleins pouvoirs, investi de la confiance royale, comptant sans doute des ennemis au Parlement, mais encore sûr à cette époque de la majorité, Bugeaud, le soir de sa victoire et les jours qui la suivirent, paraissait le maître des événements. Il venait de battre, non sans gloire, l'armée du Sultan. Pourquoi, afin de cueillir un fruit qu'il put présenter comme celui de sa victoire, ne passa-t-il pas la Moulouïa, alors réduite à son minimum de débit, et, par suite, aisément franchissable; et ne prit-il pas Taza? Bien plus, quand le sultan Abderrhaman demanda la paix et que les négociations s'ouvrirent sous la direction de Bugeaud, comment celui-ci permit-il que le fleuve qui avait été la limite constante et de la Maurétanie césarienne et du royaume de Tlemcen ne devint pas de même la limite de *son* Algérie, de cette Algérie qu'il avait reconquise d'abord sur les hésitations du Roi, sur Abd-el-Kader ensuite, et qu'il peuplait de colons en même temps qu'il la couvrait de routes et de forteresses? Comment permit-il que nous ne nous conservassions même pas toute la vallée de la Tafna; que nous abandonnassions même à l'ennemi ce champ de bataille d'Isly, sur lequel un monument aurait été depuis longtemps érigé à sa gloire? Quelles considérations supérieures avaient dont bien pu, à ce moment grave, déterminer Bugeaud?

C'est qu'il n'appartenait pas à la race de ceux qui ont les illusions et l'emballement faciles, de ceux qui se figurent que quand on aura pris Fez par un coup de surprise, on aura conquis le Maroc. Il savait que pour avoir battu hors de son véritable territoire une armée chérifienne, il n'avait nullement abattu l'ennemi. Il savait que ce n'était rien moins que le Maroc qui se trouvait réellement à Isly devant lui, et que le bruit de la défaite allait être le tocsin appelant aux armes berbères des montagnes et gens de la plaine, prêts à se grouper par centaines et centaines de mille dans les plaines de l'Oued Sbou. Et quand, du lieu de sa victoire, il aperçut à l'horizon pointer les deux djebels, les deux caps qui limitent l'un le Deren, l'autre le Riff; qu'il les vit s'allongeant vers lui, rapprochant leurs deux extrémités comme les pointes d'une pince, cet homme avisé comprit et recula. Celui qui était à la fois un homme politique et un homme de guerre avait eu la claire vision de ce qu'était le vrai Maroc et des forces mystérieuses qui le gardaient.

Quand s'ouvrirent les négociations diplomatiques, sachant combien à cette époque était fragile l'opinion publique, combien puissants encore, malgré le pacifisme du gouvernement, les instincts chauvins et guerriers, il pensa qu'il était sage de mettre, de laisser interposer entre le vrai Maroc et nous, une centaine de kilomètres, afin que les incidents de frontière n'exposassent jamais nos troupes à se trouver à l'improviste dans ce bassin de l'Innaouen qui mène à Fez, et d'où le cri de la guerre sainte eût retenti dans tout le Maroc. C'est là, et non ailleurs, c'est dans cette préoccupation, qu'il ne pouvait formuler publiquement, il est vrai, qu'il faut chercher l'explication du traité de Tanger.

Quinze ans après Isly, les armes européennes se retrouvaient en contact avec les Marocains. L'un des meilleurs généraux de l'Espagne, O'Donnell, avait débarqué avec une armée sur la côte riffaine. Ce qu'il se promettait, ce qu'il avait promis, c'était la conquête de Tétouan, puis la constitution d'un territoire colonial, réunissant les quatre *presidios* de la côte, de Ceuta jusqu'à Mélilla. Les Kabyles, inquiets, acceptèrent en cette grave conjoncture le secours du Sultan. Cinq mois après son débarquement, O'Donnell n'avait encore parcouru que 37 kilomètres. Il avait livré trois combats, subi, sans qu'elle s'interrompit un seul instant, une guerre de meurtrières escarmouches, et il n'occupait encore que le port de Tétouan. Il allait prendre la ville, mais soit pour accroître la conquête, soit même pour se maintenir dans la nouvelle possession, il allait falloir demander à l'Espagne d'énormes subsides en hommes et en argent. Quant au chérif de Fez, il redoutait que la prise imminente de Tétouan n'eût un fâcheux effet pour son prestige et ne fût l'occasion de quelqu'une de ces révolutions de palais, si fréquentes au Maroc. Enfin, les Kabyles étaient non moins excédés de la présence chez eux des troupes marocaines que de la présence des Espagnols. L'heure de traiter était attendue, désirée par tous. Le Sultan offrit de l'argent, et, abandonnant sa conquête, O'Donnell s'en alla. Or, ce résultat, piteux pourtant, mit l'Espagne en liesse. En témoignant leur joie, en saluant le général du titre de duc de Télouan, que faisait la Cour et le peuple, si ce n'est l'aveu des angoisses plus ou moins discrètes qu'avait inspiré à tous, durant les cinq mois de la campagne, la marche des événements!

Au seuil de ce même pays du Riff, peu après, c'est nous-mêmes qui envoyons nos soldats. Lamentable expédition, s'il en fut, que celle du Kiss, où nous n'eûmes guère que le choléra à combattre et où nous fûmes vaincus par lui. L'honneur était sauf sans doute, mais le dieu jaloux qui garde le Maroc triomphait encore une fois.

Au printemps de 1870, la situation dans le Sud de la province d'Oran restait absolument troublée. Insurgés depuis 1864, les Ouled-Sidi-Cheik s'étaient installés au Nord du Touat tandis que le zegdou des Douï-Menia et celui des Berabers harcelaient nos postes frontières et pillaient nos caravanes. Il parut nécessaire de leur donner une leçon. Le général de Wimpfen s'en chargea et remplit heureusement sa tâche. Mais ce fut moins le raid expéditionnaire sur l'Oued-Guir qui fut remarquable que les précautions dont le gouvernement impérial entoura l'entreprise pour éviter qu'une action sur les nomades ne prit le caractère d'une action contre le Maroc et ne nous mit réellement aux prises avec celui-ci. Qu'on lise dans la *Revue Britannique*, de 1872 ou 1873, la correspondance officielle échangée à ce sujet entre le gouvernement de l'Algérie et le cabinet de l'Empereur, telle que la rapporte l'historiographe de l'expédition, le baron Ducasse. Je prie que la politique de la République Française ne soit pas moins sage que ne le fut sur cette question celle de l'empereur Napoléon III.

Cette brève révision historique a laissé, je l'espère, dans les esprits réfléchis, l'impression que la question du Maroc est bien plus complexe que l'imagine le public. Il faut maintenant préciser où sont exactement et quels sont les périls.

Je tiens à dire d'abord que, pour moi, dans ce chapitre, le Maroc ne commence qu'entre les deux pylônes du Dj. Deddouk et du Dj. Gilliz, à la ligne de partage des eaux entre la Moulouïa et l'Oued Inmaouen, et que de ce point sa limite, gravissant la haute chaîne du Beren, se maintient sur les cimes, le long de la ligne des faîtes au Sud desquels est le Désert. Après 850 kilomètres de développement, cette ligne descend les dernières pentes du Deren et aboutit au cap Guir, sur l'Atlantique. Et je dis de suite que si le pays resté en deçà de cette délimitation est diplomatiquement marocain, il ne l'est guère en fait au point de vue politique et ne l'est nullement au point de vue militaire. Mais, au contraire, ce Maroc qu'enserrent à l'envi le Riff pyrénéen, les Alpes du Deren et les bancs de sable qui forment les côtes inhospitalières, *mare importuosum*, de l'Atlantique, ce Maroc Intérieur est au premier chef redoutable; et c'est à tout prix, en toute circonstance, que nous devons nous en interdire l'entrée par les armes.

Que le lecteur veuille bien maintenant se reporter à la carte; et que par la pensée il veuille bien supposer une armée européenne dans l'intérieur de ce gigantesque cirque marocain. On sait, sans être grand clerc en stratégie, qu'une armée doit surtout s'assurer deux choses : une ligne de ravitaillement et une ligne de retraite. Or, voici l'armée européenne à Fez. Par où se ravitaillera-t-elle? Sera-ce par Tanger? par Rabat? par Casablanca ou tout autre port de l'Atlantique? Sera-ce par la vallée de l'Innaouen et Taza? Sera-ce par plusieurs de ces voies en même temps?

Les ports de l'Atlantique, même Casablanca et Mogador, Tanger excepté, sont inabordables aux navires de guerre et même aux grands transports. C'est au large que ceux-ci devraient se tenir, de telle sorte que l'embarquement et le débarquement se feraient par chalands, opération bien dangereuse pour peu que soufflent les vents d'ouest, en bordure d'une côte que gardent des bancs de sable sur toute sa longueur et qu'aucune baie ne découpe. Les denrées, périlleusement débarquées, sont à terre. Comment les transportera-t-on à l'intérieur? Il faudra faire venir de France ou d'Espagne les bêtes nécessaires. Comment les nourrira-t-on, car espérer trouver dans le pays, quand la guerre religieuse y aura été proclamée, la moindre ressource serait de la démence? Pendant l'hiver, toutes les plaines basses qui bordent l'Atlantique sont inondées par l'eau des oueds qui refluent en se heurtant aux dunes de la côte. C'est à travers la fange qu'hommes et bêtes devront se diriger. Pendant l'été, c'est la fièvre paludéenne qui décimera nos soldats. Et durant tout ce temps, sur les centaines de kilomètres à faire dans un pays inconnu, les embuscades succèderont aux embuscades, sans que nos balles parviennent à éclaircir les rangs d'une nation indéfiniment nombreuses d'ennemis. A ne parler, par exemple, que de la vallée de l'Oued Sbou, celle qui enferme Fez au centre de son cirque, nous savons maintenant que 1.000.000 de riffains, que 3.000.000 de gens du Deren et que 1.000.000 d'Arabes et de Maures seraient là pour la défendre. Nous savons que dans ce peuple de 5.000.000 d'êtres humains, le nombre des hommes armés et aptes à tenir la campagne serait de 1.000.000 au moins, dont environ 100.000 cavaliers. Nous savons que ce million d'hommes est armé de fusils perfectionnés, de Remington, de Winchester ou de Mauser, car comment admettre que lorsque les pauvres nomades de l'Extrême-Sud algérien, et ceux perdus au fond de l'immensité désertique, dans le Rio de Ouro, et qu'ont rencontrés les matelots abandonnés par Lebaudy, sont tous armés de fusils d'Europe, comment admettre, dis-je, que ceux de la plus riche vallée du Maroc, de la moins arriérée, auront encore conservé leurs vieux et inoffensifs moukalas? Au surplus, n'est-ce pas pour armer les retardataires à l'européenne que le Sultan a négocié et réalisé sur les principales places d'Europe les derniers emprunts? Et n'est-ce pas seulement après les avoir reçues que maintes grandes tribus sont passées au prétendant? Telle est la gravité de la question, qu'aux yeux d'un vieil officier supérieur algérien dont l'opinion m'était récemment transmise, « les conditions d'une guerre en pays indigène s'en trouvent aggravées dans la proportion de un à dix. » Dans les dépêches Havas de ce jour même où j'écris, 10 octobre, on lit : « Les 300 hommes composant la garnison de Taghit ont combattu et repoussé, pendant les journées des 19, 20 et 21 août, une armée de 7.000 Berabers, *armés de fusils à tir rapide.* » Et au Conseil des Ministres de la veille, toujours d'après la même agence : « Sur la demande du Ministre de la guerre, le Conseil a décidé que deux compagnies d'infanterie montée seraient constituées en vue de protéger la province d'Oran contre les incursions de troupes *pourvues d'un armement équivalent au nôtre.* » J'en appelle à tous les anciens officiers d'Afrique : n'est-ce pas là un fait invraisemblable, incroyable, qu'aucun homme de sens n'eut cru possible, il y a seulement quinze ans? Or, puisque cela est dans l'Extrême-Sud de l'Oranie, puisque cela est dans la vallée de la Moulouïa, cela est plus vrai encore dans la vallée du Sbou, dans la région de Fez. Ce n'est pas seulement le bon sens qui l'indique, mais encore les informations qui nous viennent de ces régions. Il suffirait, d'ailleurs, pour s'en rendre compte, de considérer le développement qu'ont pris en ces dernières années Mélilla d'un côté, surtout Casablanca de l'autre. Le commerce des armes et des munitions de guerre a été la source principale de cette extraordinaire et subite prospérité.

Posons à nouveau maintenant la question

précédemment posée : Comment assurera-t-on le ravitaillement d'une armée européenne dans l'intérieur d'un pays gardé par une population relativement nombreuse, éminemment guerrière et bien armée, alors surtout qu'on ne trouvera aucune route, aucun pont, mais bien des marécages fangeux, des ravins empoisonnés de fièvre, des forêts qui flamberont tandis qu'on les traversera ? Comment défendra-t-on contre les balles que leur enverront, de ces distances que permettent les armes actuelles, des ennemis invisibles, les convois qui seront embourbés dans la partie basse du steppe ? Comment dans la région des premiers contreforts du Deren, échapperont-ils aux ennemis cachés derrière chaque roche et chaque pli de terrain, en ces régions si propices aux embuscades ? Et quoi ! dans la vaste plaine uniforme de notre Sahara nos convois se laissent surprendre ; qu'adviendrait-il dans ces vallées que traversent oueds et contreforts, bourbiers et forêts?

C'est en allant à Fez, sur les deux routes de Tanger ou de l'Innaouen, que les dangers des marécages sont le moins à craindre. Mais sur celle de Tanger des rivières nombreuses sont à traverser. Quant à celle par l'Innaouen, elle ne rejoint actuellement la frontière algérienne, c'est-à-dire le point de départ, qu'au-delà d'Ouchda, c'est-à-dire à 320 kilomètres de distance à vol d'oiseau, toujours sans pont sur la Moulouïa, et avec, à mi-chemin, l'étranglement redoutable, la passe du Dj. Deddouk.

Mais ce qui est plus redoutable encore que la question des ravitaillements, c'est l'hypothèse d'une retraite. Si celle-ci devenait nécessaire, comment une armée européenne pourrait-elle l'effectuer? L'armée se dirigerait-elle vers un port de la côte, tout l'effort des 5.000.000 d'hommes que contient la vallée se concentrerait désormais sur cette route, et les débris d'armée qui atteindraient le rivage risqueraient encore de s'y trouver en face d'une mer furieuse, rendant impossible pendant plusieurs jours tout embarquement. Il ne faut pas oublier, en effet, qu'il n'y a au Maroc ni rade ni bon port. Prendra-t-on la route de Tanger? Mais à mesure qu'on s'avancera vers le Nord, la route se rétrécissant pourra être plus aisément fermée, et des montagnes riffaines voisines, les ennemis descendront en masse pour fermer tous les cols et pour semer partout des embuscades. Prendra-t-on, enfin, la route de l'Innaouen? Là, encore, se rencontrent les thermopyles du Dj. Deddouk, qui seront positivement infranchissables, à moins qu'on n'ait eu la précaution de les occuper préalablement, ce qui aura alors exigé en ce point le maintien d'une force permanente, d'importance notable, qui, distraite du corps expéditionnaire, aura été une cause d'affaiblissement, ou bien, ajoutée à celui-ci, aura accru d'autant les dépenses d'hommes et d'argent exigées par l'entreprise.

Il y a bien une troisième entrée : le seuil de la haute vallée du Sbou. Mais à 1.500 mètres d'altitude et par l'étroite vallée de l'O. Serina d'abord, du Sbou ensuite, au prix d'un circuit de 250 kilomètres supplémentaires, et à travers des montagnes fort dangereuses et très peuplées,

En définitive, le Maroc Intérieur est comme un vase à deux goulots. Le goulot de Tanger, au Nord, le goulot du Deddouk, à l'Est. Je vois bien qu'on y peut entrer et qu'en particulier celui du Dj. Deddouk s'allonge vers nous de façon engageante. Mais je doute très fort, étant donné leur étroitesse, que nous les sachions retrouver, et qu'ils ne soient pas bouchés quand nous voudrions sortir. Voilà qui est bien propre, ce me semble, à faire réfléchir les docteurs en stratégie.

Des révélations récentes ont indiqué le plan combiné en vue de l'institution du protectorat au Maroc. Ce plan, que l'échec des négociations avec l'Angleterre et aussi un vif mouvement d'opinion ont rendu inutile, était précisément le plus dangereux qu'on put imaginer; car en s'attaquant d'abord à Fez, il portait du premier coup au comble l'exaspération et le fanatisme des Marocains, tandis qu'en nous égrenant sur deux routes, celles de Tanger à Fez et celle de Ouchda à Fez, il développait nos troupes sur 600 kilomètres de longueur, et exigeait ainsi un maximum d'effectif. Une personne autorisée, qu'il m'a été permis de consulter, a évalué à 200.000 hommes le nombre de soldats qu'eut exigé un tel plan. Mon informateur répartissait ainsi ces troupes : 60.000 hommes échelonnés en garnison le long des 600 kilomètres de route; 50.000 hommes pour l'occupation et la garde de tous les points de la côte où se trouvent des intérêts européens et des chrétiens dont la vie aurait été en grand péril : Tanger, Larache, Rabat, Casablanca, Mazagran, Mogador; et le reste pour constituer les colonnes opérant contre Fez, Méquinez, Marrakech, ou encore escortant les convois de ravitaillement. Combien de temps aurait dû être conservé cet effectif extraordinaire? Fort longtemps certes, car après avoir conquis les vallées arabes et maures de l'Oued Sbou, de l'Oued bou Regreg et de l'Oued Teusift, il aurait fallu conquérir le Deren et le Riff.

Mais ne pourrait-on aller à Fez dans d'autres conditions et à une autre allure? Ne pourrait-on d'abord limiter l'action à Taza; s'y fortifier, fortifier les divers points de la route qu'on aurait pris le soin d'établir entre la frontière et Taza, jeter un pont sur la Moulouïa, assurer enfin nos communications partout en occupant fortement et en fortifiant la passe du

Deddouk, et ensuite peu à peu, en descendant vers Fez la vallée de l'Oued Innaouen? Cette conquête méthodique, graduelle, patiente, économiserait sans doute pour moitié et les hommes et l'argent. Mais elle était impossible pour le but naguère un moment caressé, puisqu'il s'agissait moins de conquérir le Maroc que d'aller au secours du Sultan, ce qui revient à dire d'aller à Fez par le plus court chemin et le plus bref délai possible, dans les seuls délais d'un raid, c'est-à-dire dans les plus dangereuses et les plus onéreuses conditions. On voit ainsi que la question du Sultan, qui aurait été un très grand embarras politique, était également au point de vue purement militaire un *impedimentum* extrême, la plus fâcheuse complication, puisqu'elle imposait un plan d'opérations qu'aucun homme raisonnable n'eut accepté, s'il ne s'était agi que de la conquête déjà folle en elle-même du Maroc entier.

Dégageons-nous des circonstances plus ou moins aggravantes dont les contingences politiques peuvent entourer une telle entreprise; et demandons-nous maintenant quels effectifs et quelles dépenses d'argent exigerait, dans les conditions normales, la conquête du Maroc par la France. Il est bien entendu que nous posons le problème sur un terrain purement militaire, que nous supposons l'Europe entière pleinement neutre, et qu'aucune charge particulière autre que celle de sauvegarder les intérêts européens déjà établis au Maroc ne nous est imposée.

Il m'a été permis de recueillir sur ce sujet l'opinion d'un des hommes les plus qualifiés, les plus indiscutables que l'on puisse imaginer, le général de Miribel. J'ai raconté ailleurs dans quelles conditions se poursuivit cet entretien et le mieux est de reproduire simplement ce que j'écrivais à ce sujet dans le

journal *La Dépêche*, de Toulouse, du 11 septembre dernier.

« En 1890, M. Ribot, alors ministre des affaires étrangères, me fit l'honneur de me demander une étude sur la question du Touat. Les développements successifs firent de cette étude mon livre : *Touat, Sahara et Soudan*. A mesure de l'impression, j'en remettais les feuilles à M. Ribot qui en communiqua quelques-unes à l'Etat-Major général dont le chef, M. de Miribel, me fit appeler. Nous causâmes, durant deux heures, de l'Oued Zoufana, de ses points d'eau, des tribus voisines, etc. Après quoi, sur la fin de l'entretien, M. de Miribel me posa brusquement la question : « Quelle population attribuez-vous au Maroc? » Je lui exposais alors sommairement pour quelles raisons je m'arrêtais au chiffre de 10 à 12.000.000. « C'est plus que je ne croyais, me répondit-il, revenez demain, nous causerons du Maroc ».

« Le lendemain, le général débuta ainsi : « — Mettez-vous, pour répondre à mes questions, dans l'hypothèse d'une guerre avec le Maroc. » Bien que ce début fut tout naturel dans la bouche d'un chef de l'Etat-Major, je ne pus m'empêcher de dire de suite, en manière de réserve : « — Vous savez, mon général, qu'une guerre avec le Maroc serait une grosse affaire. » « — Certes, me répondit-il de suite, je le sais si bien, qu'alors que je supposais 5 à 6.000.000 d'habitants au Maroc, j'estimais à 100.000 hommes au moins le corps d'expédition nécessaire, sans compter le renforcement des troupes d'Algérie et l'assistance que nous prêterait sur les côtes une division navale. » « — Mais l'Angleterre, mon général?... » « — On peut concevoir une hypothèse où l'Angleterre nous laisserait libres d'agir. Il ne s'agit que du seul Maroc. »

« Nous entrâmes ensuite dans le détail des

questions techniques, géographiques et autres. Mais il est clair qu'en un tel sujet, des points de vue généraux s'évoquaient fatalement. Avant la fin de l'entretien, le général craignant, sans doute, que j'attribuasse ses études à une préoccupation trop actuelle, me dit : « — Nous ne pourrons laisser s'ouvrir la question du Maroc que lorsque, pour nous, la question de l'Europe sera fermée; c'est-à-dire quand nous n'aurons plus aucune inquiétude à l'Est. S'il nous faut, tant pour renforcer les effectifs algériens que pour l'armée d'occupation, 150.000 hommes, où les prendrons-nous dans les conditions actuelles? A la défense nationale, assurément. Et comme cet affaiblissement de nos frontières de France ne serait pas l'affaire d'un trimestre, mais d'un certain nombre d'années, et qu'on ne peut se flatter avec certitude de conserver la paix en Europe pendant une telle durée, il est clair que nous devons nous garder de laisser se soulever la question marocaine tant que nous ne serons pas exempt de toute inquiétude ailleurs. Le ministre des affaires étrangères se fait fort de régler à part la question du Touat, celle du Maroc restant sauve. La question du Touat est donc ou peut être opportune. Celle du Maroc ne le deviendra que quand les conditions de l'Europe centrale seront changées. »

Ai-je besoin de dire qu'en quittant le général, je me remémorais, je me redisais ses paroles pour les mieux graver dans mon souvenir.

D'ailleurs, si l'autorité du général de Miribel était bien propre à fixer mon opinion, les faits eux-mêmes eussent suffi à l'établir. C'est, en effet, qu'un point de comparaison nous était offert par l'histoire de l'occupation algérienne. Aussi, dans le même article de *La Dépêche*, établissions-nous ce parallèle, que nous n'avons qu'à reproduire ici en le précisant :

L'Algérie comptait 3.000.000 d'indigènes. Le Maroc en compte 10 à 12.000.000 !

L'Algérie a, comme superficie totale, grand désert non compris, 400.000 kilomètres carrés environ. La même superficie au Maroc a dû être évaluée à 511.000.

La grande chaîne algérienne, le Djurjura, est longue de 110 kilomètres, avec une altitude moyenne de 1.700 mètres et un point culminant à 2.367 mètres. Le Maroc a deux chaînes dont la plus petite est de peu *inférieure aux Pyrénées*, dont la seconde, quoique inférieure en longueur, est très comparable aux Alpes.

En Algérie, nos adversaires n'étaient armés que du légendaire moukala ; au Maroc, ils sont armés de Remington, de Mauser et de Winchester.

Et je concluais ainsi : « Or, l'Algérie nous a coûté, jusqu'à pacification définitive, 200.000 soldats tués ou morts de fièvre, sans compter les colons, bien entendu. Quant aux frais de la conquête, ils ont été évalués dans un document officiel, paru il y a dix-sept ans, à trois milliards environ. Donc, quels sacrifices d'hommes et d'argent ne devons-nous pas supposer pour la conquête d'un pays qui, du fait de sa population, est en situation de nous opposer trois ou quatre fois plus de résistance, une demi-fois plus du fait de sa superficie et *considérablement* plus du fait des difficultés naturelles du sol que présenterait un pays susceptible d'être rangé parmi les plus inaccessibles du globe, et encore de ce fait que les habitants sont pourvus d'un armement européen. »

A ces arguments, que *La Dépêche* développait, M. Jaurès vint prêter sa grande autorité et le pays s'émut, mais *Le Temps* s'offrit à le rassurer : il contesta le chiffre de la population que j'attribuais au Maroc et supposa que le chiffre vrai pourrait ne pas dépasser 5.000.000.

J'ai déjà apprécié sur ce sujet le raisonnement de la grave feuille. Quant au reste, il se borna à dire que j'avais mis des mathématiques où elles n'avaient rien à faire; et, sans contester avec précision mes conclusions, ni le caractère formidable de l'entreprise, à laquelle il se ralliait cependant timidement, il se contenta d'invoquer, comme preuve de l'exagération de mes chiffres, leur apparente précision.

Si ma conclusion n'eût été appuyée d'aucun chiffre, c'est parce que trop vague, que *Le Temps* l'eut rejetée. Sans nul doute, — et personne, pas même *Le Temps*, ne s'y est mépris, — je n'ai pas entendu donner à ma conclusion la valeur rigoureuse d'une démonstration mathématique. J'ai voulu rendre saisissants les risques de l'aventure à laquelle *Le Temps* et tous les organes de la presse coloniale nous conviaient. Et il est à croire que j'y avais réussi, puisque *Le Temps* s'est senti contraint de donner, des hécatombes que la conquête de l'Algérie nous a causées, une explication dont les critiques d'Histoire apprécieront la saveur : Si 200,000 soldats sont morts de fièvre ou sous les balles dans les champs algériens, de 1830 à 1871, c'est la faute à Louis-Philippe.

Oui, certes, les hésitations de Louis-Philippe ont été très fâcheuses et ont fait perdre dix ans. Mais elles cessèrent, nous l'avons vu, en 1840, et c'est surtout depuis cette date que de plus grands efforts ont coûté plus d'existences humaines.

Ne nous attardons pas davantage à une discussion sans profit pour le lecteur, et revenons à la déclaration de M. de Miribel : qu'il faudrait 100.000 hommes au moins pour marcher sur le Maroc. N'est-il pas évident que la comparaison avec les faits de la conquête algérienne ont prouvé que le général n'avait rien exagéré. Veut-on une autorité plus haute encore que celle de Miribel? Voici Bugeaud : Pour asseoir notre conquête dans ce pays dont nous tenions déjà tous les ports et les principales villes de l'intérieur, notamment Constantine, quelle armée demande-t-il, exige-t-il, obtient-il? *Une armée de cent mille hommes.* Et six ans après, quand il quittait le gouvernement de l'Agérie, il laissait encore insoumis, indomptés, inattaqués même, un million de Kabyles, c'est-à-dire le tiers de la population totale.

Au surplus, il ne semble pas que la nécessité d'une armée *minimum* de cent mille hommes, au cas d'une conquête du Maroc, soit susceptible d'être contestée désormais. L'opinion s'est faite et de significatifs aveux l'ont confirmée :

Citons-en trois : *Le Gaulois* du 28 septembre, désireux d'être fixé sur le grief fait au Ministre des Affaires étrangères d'avoir encouragé les folles espérances des conquérants du Maroc, va interwiewer un des hauts fonctionnaires du Quai d'Orsay. Et le diplomate de répondre, je ne citerai qu'une phrase : « Le Ministre ne veut par d'affaire. Or, le Maroc serait une *terrible affaire.* »

M. Alphonse Humbert, dont les tendances, sont, comme chacun le sait, nationalistes et militaristes, terminait ainsi le Premier Paris de *L'Eclair*, du 27 septembre dernier : « Et c'est pourquoi il ne faut pas se hâter de prononcer que tout est mauvais dans la politique que notre Gouvernement semble prêt à inaugurer. Ce que personne ne peut nier, c'est que jamais ne se sont offertes circonstances plus favorables à l'établissement de notre protectorat au Maroc. »

On voit par cette conclusion que M. Humbert n'est pas un adversaire *a priori* de l'intervention au Maroc. Or, dans l'article ainsi terminé, voici ce qui a précédé : « Toutes les autorités militaires qui ont été consultées sur les difficultés d'une guerre à fin de conquête au Maroc ont présenté l'opération comme extrêmement rude pour nos finances et pour notre armée. L'estimation des effectifs nécessaire à varié *de cent mille à deux cent mille hommes.* »

Voici enfin M. Saint-Germain, sénateur d'Oran. En outre de l'autorité qui s'attache à sa personne, il est impossible de ne pas tenir compte de l'intime amitié qui unit M. Saint-Germain à son collègue M. Etienne, et de ne point présumer de son sentiment au sentiment de l'ancien sous-secrétaire d'Etat. Interviewé par *Le Petit Parisien*, parlant de la politique qui consiste dans le Sud, à marcher de l'avant tant qu'on trouve des ennemis, M. Saint-Germain dit : « Ce serait, pour parler franc, la conquête des oasis, des confins, de tous les territoires dont la population nous serait hostile. Ce serait le Maroc entamé, dominé, conquis enfin. »

« Dans ce cas, je n'hésite pas à dire qu'il faudrait agir promptement. Le Maroc pèse aujourd'hui quelques 20.000 hommes; il pèsera demain 100.000 *hommes* et 100.000.000 de francs *pour le moins*. L'affaire, splendide actuellement, doit être faite immédiatement *ou ne pas être faite*. »

M. Saint-Germain se trompe quand il croit que l'alliance avec le Sultan représente une force, alors qu'elle ne serait qu'un embarras et peut-être pis. Nous le verrons plus loin. Mais nous retenons cet aveu, qu'en condition normale la conquête du Maroc pèserait 100.000 hommes au moins, et que cette conquête est une affaire à *ne pas faire*. Oui, à ne jamais faire, du moins les armes à la main, et tant que, suivant l'expression même de

M. de Miribel, *les conditions de l'Europe centrale ne seront point changées.* En effet, supposons qu'un véritable miracle ait fait, sans coup férir, tomber en une fois tout le Maroc entre nos mains. Conquérir n'est point tout; il faut garder ensuite, et pour ce faire il faut des garnisons. Celles-ci comportèrent pendant longtemps pour l'Algérie un effectif de 60.000 hommes. Semblable effectif serait donc pour le Maroc certainement insuffisant. Donc la conquête du Maroc, même dans l'hypothèse invraisemblable où elle eût eu lieu tout entière par la plus heureuse des surprises, n'en causerait pas moins une diminution de plus de 60.000 hommes dans nos troupes continentales. *On les prendrait à la défense nationale,* comme le disait encore M. de Miribel.

Nous tenons la question militaire pour résolue, pour tranchée par cette seule constatation.

Mais n'avez-vous pas prévu, me dira-t-on, que

nos nationaux des ports de la côte pourraient être massacrés?... Cela n'est que trop exact et c'est avec une secrète crainte de l'apprendre que tous les matins je romps la bande de mon journal. Mais si de tels faits se passent à Mazagran ou à Rabat, quelle utilité y aurait-il à agir par Taza? Qu'au premier signal on débarque des troupes sur tous les ports de la côte et que toutes les nations représentées dans ces ports s'entendent pour une action commune, cela serait très bien. Dès ce moment nous devrions inviter nos nationaux à abandonner ceux des petits ports, tels qu'Azamour ou Rabat, où ils sont très peu nombreux et où les intérêts existants ne vaudraient pas les risques d'un débarquement armé. Quant aux autres points, nous devrions, au premier péril, les occuper fortement et nous y fortifier à demeure. Notre artillerie aujourd'hui rend les défensives efficaces. Et comme il serait absurde que nous rendissions ensuite à la barbarie les forteresses que nous aurions édifiées en hâte; comme elles seraient la menace salutaire par laquelle nous pourrions plus tard imposer au gouvernement de sultans le respect de certaines règles fondamentales d'humanité et de civilisation, ces ports occupés ainsi devraient ensuite rester terre européenne... européenne ou française?... C'est ce que nous verrons dans le chapitre suivant.

Un mot encore: nous n'avons parlé, dans tout ce chapitre, que du Maroc Intérieur, de celui qui, commençant vers l'Est, à la passe du Deddouk, est enfermé entre le Riff, le Deren et l'Atlantique. En dehors de ce Maroc Intérieur, il y a le Souss, la vallée de la Moulouïa et le versant saharien. Le Souss est un beau pays, dont la conquête pacifique serait facile à la puissance qui, s'emparant du hâvre d'Agadie, rétablirait ce port, le meilleur du Maroc entier, et, par des mesures libérales, encouragerait le commerce de Souss à s'y porter. Du versant saharien nous ne dirons rien. Nous n'avons vraisemblablement rien à y faire, si ce n'est à bien et libéralement accueillir les caravanes qui en pourront venir. Une action militaire y serait certainement nuisible. Reste la vallée de la Moulouïa. Il n'est pas douteux que jusqu'au Dj. Deddouk une action militaire n'y rencontrerait pas d'obstacles sérieux. D'autre part, la France aurait un intérêt considérable à tenir la passe du Deddouk, qu'elle rendrait aisément infranchissable, tandis que les hauteurs du Riff et celles du Deren seraient, d'autre part, la plus efficace barrière naturelle. Nous avons vu, enfin, que la France aurait la maîtrise commerciale de la vallée du Sbou, si sur la passe même elle possédait une place de commerce où aboutirait une voie ferrée partant d'un port méditerranéen. D'autre part, tous les sédentaires, tous les propriétaires, tous les commerçants de cette région, en particulier ceux d'Ouchda et de Debdou, soupirent après le jour où les Français administreront leur pays. A Taza même, il y a déjà vingt ans, les habitants de la ville, exaspérés des vexations quotidiennes que leur imposait les Rhiata nomades, avouaient à de Foucault leur impatience de voir les Français s'emparer un jour de leur ville. Les relations entre toutes ces régions et l'Algérie sont trop fréquentes pour que l'opinion publique n'ait point fait la comparaison entre la paix dont jouit l'Algérie et l'anarchie marocaine. Or, si cela était déjà vrai du temps de Foucault, combien plus aujourd'hui, après les frénésies de l'anarchie actuelle! Combien plus pour Taza et pour Ouchda, pauvres villes qui, au cours des derniers événements, ont l'une et l'autre été prises et reprises trois fois, et chaque fois plus ou moins saccagées et frappées d'amende.

A la vérité, les pillards nomades, les tribus dont la piraterie est la profession, nourrissent à notre endroit des sentiments fort opposés. N'est-ce qu'à coups de fusils qu'on aura raison de leur opposition? Quoique les maîtriser soit faire œuvre de civilisation et de sauvegarde, nous savons un autre moyen, moins coûteux au fond. C'est celui qu'employaient les Turcs et qu'employa Bugeaud : celui de les faire *maghzen;* de les prendre pour gendarmes et de leur assurer, en cette qualité, les avantages, maigres au demeurant, que leur procureraient leurs rapines. En Algérie, comme ailleurs, on peut faire parfois de l'ordre avec du désordre.

En définitive, par la construction d'une ligne ferrée et de fortifications, travaux qui assureront aux Beni-Snassen plusieurs années de bons salaires, et, d'autre part, instaureront définitivement notre force; par un régime libéral vis-à-vis des caravanes; par l'institution d'un maghzen généreusement doté, nous pourrons aller en paix et en sûreté jusqu'à la passe du Deddouk, et peut-être la franchir de quelques kilomètres, en occupant Taza, quoique je ne le conseille pas.

CHAPITRE VI

La Question Diplomatique

Depuis trois ou quatre mois on annonce que des négociations sont engagées entre le Quai d'Orsay et le Foreign-Office au sujet du Maroc. Eh bien, je l'avoue, je considère ces nouvelles comme fort inquiétantes.

Ai-je tort d'être inquiet, lorsqu'au seul bruit de l'ouverture des négociations on fourbit les armes, on prépare des expéditions? Et qu'on n'essaie pas de nier, car outre les preuves écrites et pleinement probantes que *La Dépêche*, de Toulouse, Jaurès et moi nous connaissons, nous avons de toutes parts confirmation des projets de guerre. MM. les officiers n'en font nul mystère et de toutes les armes affluent les demandes pour être envoyé dans les corps de troupe d'Algérie, supposés devoir partir au Maroc. Eh bien, appelons-en à l'opinion, car éclairer l'opinion reste, dans les démocraties, le meilleur moyen de conjurer les entreprises dangereuses.

Abordons maintenant le côté diplomatique de la question et rendons-en le public juge :

Quelque aimable qu'ait été Edouard VII et succulente l'hospitalité londonnienne, notre ministre des affaires étrangères sait très bien que s'il demande, il faut qu'il offre quelque chose en retour. Demander plus ou moins le Maroc, c'est plus ou moins offrir l'Egypte et Terre-Neuve. C'est donnant donnant qu'entre diplomates les affaires se traitent. Ce point ne doit jamais être perdu de vue par l'opinion. Si nous recevons le Maroc, qu'on soit certain que ce ne sera pas en don. C'est que nous l'aurons *acheté*, et peut-être acheté fort cher.

Or, une règle pour les nations comme pour les ménagères c'est de n'acheter que des objets *utiles*, ceux qui ont une *valeur* d'utilité, comme disent les économistes.

Or, le Maroc sera-t-il pour nous une acquisition utile? Vaudra-t-il le prix qu'en Egypte, à Terre-Neuve ou ailleurs il nous aura coûté?

Il ne m'appartient pas de traiter la question d'Egypte ou de Terre-Neuve. Je n'y entends rien et n'en pourrais dire que des sottises. Mais ce que je sais bien, c'est que le Maroc, s'il nous appartenait par traité, ne serait utilisable réellement, en venant de l'Est, que jusqu'aux montagnes, et, en venant de l'Ouest, c'est-à-dire par l'Océan, que dans la province de Souss. Quant au Sahara marocain, il n'aurait pour nous qu'une valeur très médiocre, sauf l'hypothèse gratuite de richesses minières à y découvrir. Reste le Maroc Intérieur, celui qu'enferment, qu'interdisent, avec une égale jalousie, les falaises et les sables cachés des côtes atlantiques, les glaciers du Deren, les rudes monts de Riff, le Maroc inviolé dont l'Européen n'a jamais pu encore franchir le seuil impunément, le Maroc impasse, le Maroc *tabou*. Est-ce celui-là, Monsieur le Ministre, est-ce cette robe de Nessus que vous offrez en cadeau à notre pays, que dis-je, cadeau ! La robe fatale qui dévora les chairs d'Hercule était un don. Le Maroc fatal qui boirait goulûment le sang de la France, vous le lui auriez fait acheter à prix d'or. Faites cela, Monsieur le Ministre, et votre nom restera dans l'histoire des hommes néfastes.

Or, sous quelle forme nous offririez-vous ce Maroc ? On prononce partout le mot de protectorat. Serait-il vrai ? Si oui, la phrase célèbre nous vient aux lèvres : *Quos vult perdere Jupiter dementat.*

Qu'est-ce qu'un protectorat? Qu'était-il à Madagascar? Qu'est-il en Tunisie? C'était à Madagascar le pays entier occupé par nos troupes; c'était l'administration *dirigée* et *contrôlée sur tous les points* par des fonctionnaires français, l'exercice des fonctions inférieures restant seul aux mains des Hovas. Nos soldats et nos fonctionnaires étaient repartis dans toutes les régions de l'Ile, ce qui implique *nécessairement* que préalablement à la mise en pratique du protectorat, le pays avait été conquis,

En Tunisie, c'est également avec force garnisons et force fonctionnaires que le protectorat fonctionne, et c'est *après conquête* qu'il a été institué. Il n'en peut être autrement, d'ailleurs; il n'en a jamais été autrement. On ne protège qu'en plaçant la force à côté du protégé, de telle sorte que *la première condition d'un protectorat, c'est la conquête.*

A ceux qui disent, et il n'en manque pas, qu'au Maroc on ne projette pas une conquête, mais un *simple* protectorat, nous répondrons seulement qu'ils font ce que font les malhonnêtes gens, qu'ils tentent de leurrer ceux à qui ils s'adressent. Quand on a conquis un pays, on peut, ou l'administrer pleinement, c'est-à-dire y instituer *l'administration directe* ou laisser une part quelconque de l'administration au gouvernement indigène, et l'on appelle cela instituer un Protectorat. Ce qu'on veut nous faire accepter, c'est donc à parler clair et franc, *la conquête à fin de protectorat*, c'est-à-dire et tout d'abord la *Conquête.....*, la conquête avec ses hécatombes d'hommes et ses monstrueux sacrifices d'argent.

Il semble difficile à celui dont l'esprit assemble par un effort de synthèse, en une rapide réflexion, les *alea* et les difficultés d'une telle entreprise, à celui qui se remémore en même temps 10 à 12.000.000 d'ennemis, l'ardeur guerrière et le tempérament indomptable de ce peuple fanatique, la puissance tout européenne de son armement, les obstacles extrêmes d'un pays sans routes, coupé de rivières sans ponts, barré par des marais de pestilence, bordé de côtes sans abri et de sables dangereux, encadré enfin, comme par les murs d'une prison immense, d'un côté par les Pyrénées, de l'autre par les Alpes, il semble, dis-je, impossible à celui que toutes ces considérations frappent en même temps, qu'on puisse aggraver la fatalité, le *nefas* d'une telle entreprise. Eh bien, celui-là se trompe. Quand les milliards de l'épargne française auront été dilapidés et qu'il aura fallu formidablement élever les impôts, quand nos soldats français, quand les fils de nos femmes et les fiancés de nos filles seront tombés par centaines de mille, quand sera achevée la *folie* de la conquête, c'est alors qu'on instaurera la *honte* du protectorat. On verra alors la République Française prendre en charte la monarchie du Sultan et le Sultan lui-même avec ses ministres, son harem et ses eunuques, avec ses Mehnebi et ses Mac-Lean; et si le peuple marocain se révolte après l'avoir, pour conquérir le pays, mitraillé au nom de la France, nous le mitraillerons au nom du Sultan pour le remettre sous son joug.

Non, non, il est des solidarités qu'il faut éviter à tout prix. C'est déjà bien assez qu'aux yeux des musulmans nous soyons le *roumi*. Gardons-nous de leur apparaître en outre comme les associés de Mac-Lean et les bourreaux d'Abd-el-Aziz.

Mais j'entends quelques malins et, après eux, les ignorants des choses musulmanes répéter : « Le Sultan a un parti, c'est une force. Il a gardé sous son allégeance de nombreuses tribus. Ses soldats nous permettront d'économiser les nôtres, et les régions qui lui sont restées fidèles nous accepteront sans coup férir. »

Pour attester l'erreur de ces paroles, j'appelle en témoignage tous ceux qui, comme colons et comme soldats, ont habité l'Algérie. Tous répèteront à l'envi que les indigènes peuvent être entr'eux divisés de tribu à tribu par des haines séculaires, haine que les exhortations même des Marabouts n'apaisent pas; mais si, comptant en profiter. le *roumi* se présente, à l'instant les haines font trêve et les ennemis de la veille, réconciliés par une haine nouvelle, celle de l'infidèle, marchent, la main dans la main, au combat contre celui-ci. Oh! si l'on se figure que le Sultan gardera une seule tribu sous son autorité quand nous lui aurons donné nos soldats pour escorte, il faut avoir la foi bien aveugle et l'illusion bien tenace. Hier encore, à Taghit, c'étaient les trois zegdous des Douï-Menia, des Berabers et Aït Atta et des Beni-Guill, ennemis acharnés les uns des autres depuis des siècles, qui nous montraient combien vite la haine du chrétien réconcilie les musulmans. J'ajoute même que si, contre toute hypothèse, le Sultan gardait derrière lui et nous offrait une armée, alors le danger serait au comble, car cette armée ne pourrait être que celle de la révolte concertée, celle de la trahison. Elle jouerait le rôle des chameliers du convoi dans le drame de Moungar.

Donc, si nous avons à faire quelque chose au Maroc, quelle que soit notre entreprise, comptons sur nous et sur nous seuls : *fara da se*... Ce sera plus sûr.

Une autre question reste à envisager : celle de l'Espagne.

Voici, ce qu'il y a déjà treize ans, dans

Touat, Sahara et Soudan, nous écrivions à ce sujet :

« D'abord, nous ne pouvons que rendre justice à la sincérité courtoise et amie que cette puissance a toujours apportée dans ses rapports avec nous. Nous devons lui savoir un gré véritable, tandis que nous étions affaiblis et meurtris, d'avoir résisté aux avances de l'Allemagne qui a si souvent tenté de l'englober dans la ligue contre nous et nous manquerions à nos devoirs internationaux en perdant une seule occasion de lui en témoigner toute notre gratitude. Nous commettrions ensuite une faute lourde si, par un acte discourtois ou seulement propre à l'alarmer sur nos intentions, nous lui faisions faire par dépit ce qu'elle s'est jusqu'ici refusée à faire, c'est-à-dire acte d'adhésion à la politique allemande. Or, l'Espagne a au Maroc des intérêts actuels. Elle occupe plusieurs points sur ses côtes, pierres d'attente, dans l'opinion publique de la péninsule, d'un domaine plus considérable. Pour justifier ses prétentions, elle invoque les flots de sang versés de l'autre côté du détroit. Elle ouvre son histoire à chaque page de laquelle est écrit le nom de Fez; et, sous l'empire d'une susceptibilité que nous n'avons pas à juger ici, mais que nous ne pouvons pas ne pas comprendre, elle s'inquiète de tout ce qui marque de notre part prétentions concurrentes aux siennes. »

Voilà, Monsieur le Ministre, des sentiments que vous avez partagés; que dis-je, à qui vous avez donné une portée bien inattendue et bien éloignée de mon sentiment, puisque, il y a deux ans, c'est vous qui, spontanément et à la surprise générale, offriez à l'Espagne Fez, c'est-à-dire toute la vallée du Sbou, c'est-à-dire la clef qui eût pu, quand l'Espagne l'eut voulu, verrouiller la porte qui mène de l'Algérie à l'Atlantique et à Tanger. La pauvre Espagne, l'Espagne qui venait de perdre Cuba et d'y épuiser ses veines ne pouvait accepter votre offre. Elle eût péri toute entière dans une entreprise que je tiens pour redoutable à la France. Mais elle a pris acte de votre offre. Elle a votre billet aux mains. Que penserait-elle si, au lendemain de cette offre, vous, le même Ministre, le même Monsieur Delcassé, vous entendiez reprendre ce que vous aviez si spontanément et si librement donné ou reconnu : des droits sur Fez. On a un délai moral pour accepter un don. Si vous voulez respecter les susceptibilités d'un peuple qui témoigne si volontiers et si sincèrement de ses sympathies pour la France, d'un peuple vis-à-vis de qui nous avons quelque gratitude et que nous avons tant intérêt à lier à nous, n'ouvrez pas la question du Maroc dans des conditions qui seraient un démenti formel à ses secrets et patriotiques espoirs.

Mais ne l'avez-vous pas ouverte? N'est-il pas vrai que vous ayez négocié avec l'Angleterre et que Fez a été l'objet des négociations? Si oui, vous vous êtes trompé, car le Maroc tout entier ne vaut pas l'alliance espagnole, du moins dans les conditions politiques que nous traversons. Le sentiment français comprend qu'à aucun prix il ne faut blesser l'Espagne, qu'à aucun prix il ne faut commettre vis-à-vis de l'Espagne la faute que nous avons commise vis-à-vis de l'Italie, dans l'affaire de Tunis. Si donc vous avez imprudemment ouvert la question de Fez contre l'Espagne, refermez-là; si cette faute a été commise, réparez-là.

Voilà donc que deux points nous ont paru successivement acquis : 1° c'est que le sens de notre intérêt véritable nous invite à nous interdire à nous-même, comme exigeant de bien trop grands efforts et nous engageant en de périlleuses conjonctures, toute action armée, pour quelque but — administration directe ou protectorat — que ce puisse être, dans *l'Intérieur marocain*, c'est-à-dire dans la région comprise entre Riff, Deren et Atlantique, dans celle où est Fez et Marrakech; 2° d'autre part, nous devons nous interdire tout ce qui pourrait nous aliéner l'Espagne, tout ce qui marquerait une velléité actuelle de nous emparer de Fez.

Enfin, le problème à résoudre a un troisième élément : c'est que nous ne devons pas permettre qu'une puissance européenne vienne s'établir : 1° sur un point quelconque de la vallée de la Moulouïa ou du Sahara marocain; 2° sur un point quelconque de la côte atlantique. Enfin, nous ne devons plus permettre qu'une puissance européenne quelconque, autre que l'Espagne qui y est déjà et qui ne peut nous porter ombrage, puisse s'établir sur les côtes du Riff.

Faut-il justifier de telles propositions ? Qui ne comprend que l'installation de puissance européenne dans la vallée de la Moulouïa serait au premier chef un défi qui nous serait porté ? Même dans le Sahara marocain un établissement militaire étranger serait contre nous d'un fâcheux effet. En cas de guerre avec la puissance qui s'y serait installée, nous aurions à craindre qu'on n'excite de là à la révolte les indigènes de notre Sahara. Voilà pourquoi nous devons revendiquer, comme étant dans la zone d'influence de la France, le Sahara marocain tout entier, quelque probablement médiocre que puisse être le parti que nous en tirerons plus tard.

Après ce que nous avons dit de l'extrême danger qu'offre l'*Intérieur marocain*, il semble qu'il y ait contradiction à supposer qu'une puissance étrangère parvienne à s'y asseoir. Il n'en est rien : s'il ne peut être abordé par

Fez, vrai traquenard où nous pousserait une conquête à fin de protectorat, on peut l'aborder par ailleurs. On peut s'emparer d'une de ses portes, soit l'embouchure de la Moulouïa, d'où on remonterait jusqu'à la passe du Deddouk, soit Tanger, soit Mazagran, soit Casablanca, soit Mogador, s'y fortifier dans les conditions supérieures que permet l'artillerie moderne, au besoin créer ou améliorer le port, et là attendre patiemment les événements; ou bien pas à pas, progressivement, en flanquant constamment sa route de fortifications, pénétrer jusqu'à Fez. Eh bien, notre situation en Algérie, les obligations du prestige que nous devons garder aux yeux du monde musulman, la nécessité où nous pouvons être plus tard de répondre par une conquête totale ou partielle aux agressions du fanatisme musulman, ne sauraient nous laisser tolérer une occupation étrangère d'un port de l'Atlantique ou de la Méditerranée.

Ainsi posé, le problème — et ce sont bien là ses données — ne se résout que par une seule formule : « *Puisque nous ne pouvons pas y aller, et que nous tenons à ce que personne n'y aille, neutralisons.* » Mais j'entends bien, neutralisons seulement ce que nous devons nous interdire de prendre, ne fût-ce que par sentiment de notre intérêt, l'*Intérieur marocain.*

Neutraliser un pays, c'est le soustraire aux convoitises *actuelles* de tous. C'est le prémunir contre toute occupation pendant un temps indéfini, ce qui est bien loin de vouloir dire pour toujours. Les traités, en effet, ne dépassent guère en général la vie de la génération qui les a vus se conclure. Les traités ne sont que des haltes ; et quand les conditions internationales changent en fait, les traités s'effrondent d'eux-mêmes et sont ou déchirés par la guerre, ou rapportés par accord des parties. La neutralisation n'est donc qu'un ajournement ; mais un ajournement pour tous, établi dans des conditions qui ne peuvent heurter la dignité ni le patriotisme d'aucun peuple. Fez, la pomme de discorde, Fez, d'un commun accord, restera interdite à tous. L'avenir la donnera à celle des puissances qui apparaîtra à l'Europe de demain, à l'Europe pacifiée, comme étant la plus propre à y établir la paix et la civilisation. J'espère bien que c'est à mon pays que sera réservé cet honneur, parce que j'espère qu'il s'en sera montré le plus digne. Mais qui de nous trouverait à redire que pour cet avenir peu ou prou lointain, les patriotes espagnols nourrissent un même espoir. Il faut, il est bon, il est grand qu'au régime barbare de la guerre les peuples substituent entr'eux le régime de l'émulation.

Mais, pour que cette neutralisation soit pleinement acceptable pour l'Espagne, il faut reconnaître, dès ce moment, à celle-ci, comme étant dans sa zone d'influence, c'est-à-dire à sa disposition pour le jour qu'il lui conviendra de choisir, le versant Nord du Riff, depuis Melilla jusqu'à Ceuta. Ainsi pourra-t-elle relier les uns aux autres ses quatre *presidios* — ce qui est pour elle une condition essentielle de sécurité — et leur donner comme territoire le pays riffain jusqu'à la ligne de partage entre la Méditerranée et l'Oued Sbou, — ce qui est indispensable à la vie économique et au ravitaillement de ses *presidios*.

De même pour que cette neutralisation soit acceptable pour nous, il faut qu'on reconnaisse également à la France sa zone d'influence. Cette zone d'influence de la France comprendrait de son côté toute la vallée de la Moulouïa. Sur cette côte, cette zone irait jusqu'à la banlieue même de Melilla et, le long du Riff, se limiterait à la possession espagnole. La ligne de zone suivrait ensuite la ligne de faîtes entre le bassin de la Moulouïa et celui du Sbou et, par conséquent, s'arrêterait net à la passe de Deddouk, dont une moitié serait occupée par la France, remonterait le Deren en même temps que la Moulouïa et, de là, suivant le faîte du Deren dans toute sa longueur, viendrait tomber sur l'Atlantique en face du cap Ghir, c'est-à-dire laisserait le Souss dans notre part.

Poursuivie avec sagacité et avec une sage patience, l'occupation de tout le territoire qui nous serait ainsi reconnu, pourrait, à la rigueur, entraîner au début une démonstration armée, non une action réelle. J'ai déjà dit ailleurs les moyens que, pour y parvenir, il faudrait employer. Je laisse à *dessein* une lacune dans l'indication des moyens à employer pour parvenir à l'occupation pacifique jusqu'à la passe même du Deddouk. C'est, en effet, qu'en un tel sujet tout n'est pas bon à publier; mais je saurai le dire à ceux qui le devront savoir.

Ainsi, la solution que je propose à la question marocaine est celle-ci :

1° Une convention entre l'Angleterre, la France et l'Espagne, notifiée à l'Allemagne, à l'Italie, aux États-Unis et à la Russe, proclamerait pays neutre, sous la commune protection des trois puissances signataires, et avec l'adhésion des autres puissances, Tanger et le détroit jusqu'à Ceuta, les côtes de l'Atlantique depuis le détroit jusqu'au cap Ghir, enfin, les trois versants de l'Oued-Shou, de l'Oued ben Regreg et de l'Oued Tensift, c'est-à-dire tout le Maroc Intérieur.

2° Cette même convention reconnaîtrait comme étant située dans la zone d'influence de l'Espagne et laissée à sa disposition la région du versant nord du Riff depuis la ligne de faîtes au Sud jusqu'au rivage, et en longueur depuis Melilla jusqu'à Ceuta;

3° Elle reconnaîtrait comme étant dans la zone d'influence de la France : 1° la côte marocaine de la Méditerrannée depuis l'Algérie jusqu'à Melilla; 2° le versant entier de la Moulouïa; 3° puis les régions marocaines situées au Sud de la ligne de faîtes du Deren, prolongée par une ligne partant du pied de la branche nord de la fourche occidentale du Deren et aboutissant au cap Ghir sur l'Atlantique.

Quelques réflexions, qui, d'ailleurs, clôront ce livre dont les événements ont hâté la rédaction beaucoup plus que je ne l'eusse souhaité, mettront en relief les avantages de la solution que je propose.

Ayant l'air de demander beaucoup moins, quoique en réalité nous demandions tout ce qui nous serait utile et ne repoussions que ce qui serait un présent fatal, nous pouvons du même coup n'offrir que beaucoup moins à l'Angleterre. Ce point est de la plus haute importance.

Nous faisons disparaître radicalement la seule cause de méfiance qui puisse exister encore en Espagne vis-à-vis de nous, et nous préparons ainsi les voies à une alliance intime entre nos deux pays.

Nous consolidons du même coup l'amitié formelle qui s'établit entre la France et l'Angleterre et que vient de mettre en évidence le pacte d'arbitrage conclu entre les deux puissances et dont je félicite pour ma part très sincèrement notre Ministre.

Ainsi, cette question du Maroc, qui apparaît aujourd'hui si redoutable, peut devenir un gage éminent de paix internationale.

Sur cette première convention pourrait s'en greffer une seconde :

Au lieu d'ambitionner le protectorat qu'il faudrait imposer par la conquête, la France pourrait accepter au Maroc un protectorat pacifique, celui des intérêts français et européens unis. Elle pourrait, en effet, se déclarer responsable des dettes actuelles du Maroc qu'aurait vérifiées et reconnues fondées un tribunal international. Il suffirait à cet effet que l'Europe autorisât la France à avoir dans tous les ports de la région neutre des agents et des forces de police suffisantes pour que toutes les douanes marocaines soient entre ses mains. Ceci entraînerait également une convention particulière avec l'Espagne pour l'établissement d'une perception de douanes riffaines dans le même but et à même destination.

Un tel régime ferait, il est vrai, de la France, le bailleur de fonds obligé de l'empire marocain ; mais la chose serait sans danger, puisque la perception des douanes nous mettrait aux mains un gage certain. Il va de soi que les dépenses qu'entraînerait une perception douanière établie dans l'intérêt commun de tous les créanciers pourraient être remboursées à la France, par un prélèvement de tant pour cent sur les droits perçus ; il va de soi aussi que le remboursement des créances s'effectuerait au prorata entre tous les créanciers, au fur et à mesure des rentrées, comme il advient en cas de faillite.

C'est, en effet, en état de faillite que va se trouver l'empire marocain et il n'est pas trop tôt de prévoir dans quelles conditions il sera plus convenable de poursuivre cette liquidation. Il nous semble que le procédé que nous préconisons satisfairait pleinement à tous les intérêts légitimes.

Enfin, la même convention devrait reconnaître à la France, dans la région neutralisée, le droit de prendre toutes les mesures que comporterait la sécurité des Européens établis dans les ports, dussent ces mesures aller jusqu'à l'occupation des ports et d'une zone banlieue avec fortification, le tout pour le compte des créanciers et aux frais de ceux-ci. Certaines précautions préalables pourront vraisemblablement, d'ailleurs, rendre cette dernière clause inutile en fait.

Voilà ce qu'à mon avis conseillent également les intérêts français, espagnols et anglais, et plus encore qu'eux tous, l'intérêt de la Paix européenne. Voilà la solution qu'un ministre de la République s'honorerait de faire aboutir. Mais qu'au nom du bon renom et du salut même de notre France, on conjure Guerre et Protectorat.

FIN

TABLE DES MATIÈRES

Toulouse. — Imp. G. BERTHOUMIEU, rue Denfert-Rochereau, 15.

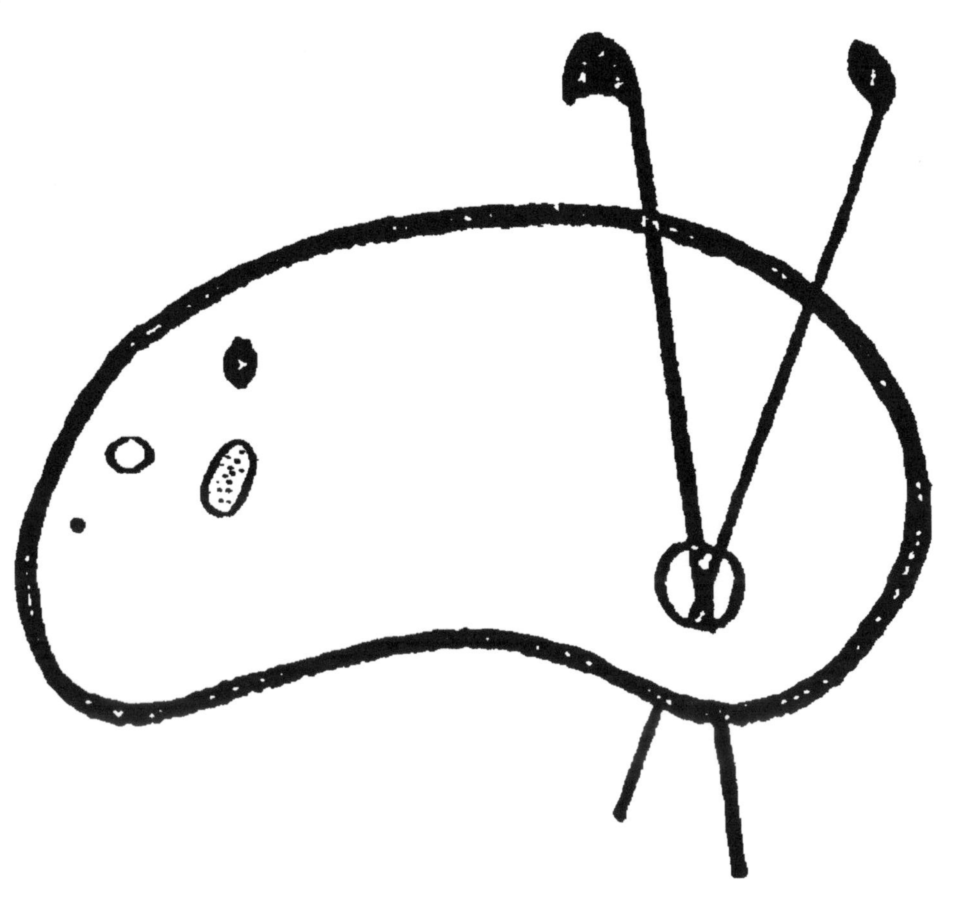

www.ingramcontent.com/pod-product-compliance
Ingram Content Group UK Ltd.
Pitfield, Milton Keynes, MK11 3LW, UK
UKHW022055190726
13855UKWH00002B/508

9 782012 935341